うっかり鉄道

能町みね子

幻冬舎文庫

うっかり鉄道

文庫版まえがき

これは、2009年から2010年くらいにかけ、私（と、当時の担当編集のイノキンさん）が全国の鉄道を気の向くままに旅した記録を文庫化したものです。鉄道本のくせに車輛などのメカ的な部分にはほぼ触れず、電車の写真もロクに撮らず、かといって一般的な旅の楽しみであるグルメにも重点を置かず、ときには鉄道に乗らずに駅だけを目指したり、切符を買うことだけに異様な熱を燃やしたり、なんだか妙な切り口ばかりで鉄道の隅のほうだけを味わいつくしていますが、それなりに自信作ではあります。

が、しかし、ですよ、時の流れは怖い。時が流れると、この本で紹介した喫茶店などは簡単になくなってしまうのです。それどころか、鉄道路線そのものがなくなってしまうのです！　なんてことだ！

だからこれを文庫化するときは迷った。いま役に立たない情報がけっこうたくさん載っている。もう二度と乗れない路線もある。

いやしかし、むしろそれだからこそ記録として生きるのだ。この本はそもそもお役立ち本やガイドブックではありません。だから、なくなったものについてもちゃんと語ります！　変な旅が好きな女たちによる、その時代を記した紀行文学なのです！　すみません。文学は言いすぎました。旅のおともに、てきとーな気持ちでお楽しみください。

はじめに

「能町さん、鉄道好きなんですよね。鉄道の企画やりませんか？」
と、担当のイノキンさんが持ちかけてきたとき、私は喜びました。私は確かに鉄道がかなり好きです。

しかし、私はいわゆる鉄ちゃん（＝鉄道マニア）ではないと思います（そういえば鉄ちゃんは自らが鉄ちゃんであることを否定するとよく聞きます。ってことは、否定してる私＝鉄ちゃんってことになるんだが……ややこしいのでこの点については考えない）。

だいたい私程度の知識や経験では鉄ちゃんを名乗れませんよ。だからね、鉄道企画で旅できるのはうれしいですけど、私は旅行好きの一環で鉄道も好きっていうだけで、そんなにいろいろ知らないですよ。旅行するときもあんまり計画立てないで、思いつきで出かけるし。それでもいいですかね。

「そうなんですか？」

だって、遠くに行くとどこかに泊まらなきゃいけなくて面倒だから、東京から遠い四国とかほとんど行ったことないし、南九州も全く経験ないし。行ったことない県がある時点で、かなり甘いと思いますけど。

「そうですかね……じゃあ逆に、関東地方ならよく乗るんですか？」

あー、関東の鉄道は確かにほとんど乗ってるかも。

「ほとんど、ですか⁉」

じゃ、ちょっと路線図描いて確かめてみましょうか、と言って私が手持ちの雑紙に関東の鉄道路線図を描こうとすると、イノキンさんが大げさに驚くんです。

「路線図が描けるんですか‼」

え、まあそのくらいはできますけども。私鉄を混ぜるとごちゃごちゃになっちゃうんで、とりあえずJRだけ描きますけど。関東だけなら私鉄も描けるんじゃないかな。

「なんで描けるんですか⁉」

イノキンさんが驚いていたのはほっといて、私はとりあえず路線図を描いてみました。

「あー、この日光線と吾妻《あがつま》線は乗ってないんです。あと、久留里《くるり》線の平山から先、水郡《すいぐん》線の谷河原《やがわら》～常陸太田《ひたちおおた》間も乗ってないですね。あと、関東の私鉄もちょっと乗ってないところがあります。西武園線とか……」

「スラスラ描いてるし……しかもほぼ乗ってるじゃないですか⁉　すごいですよ、十

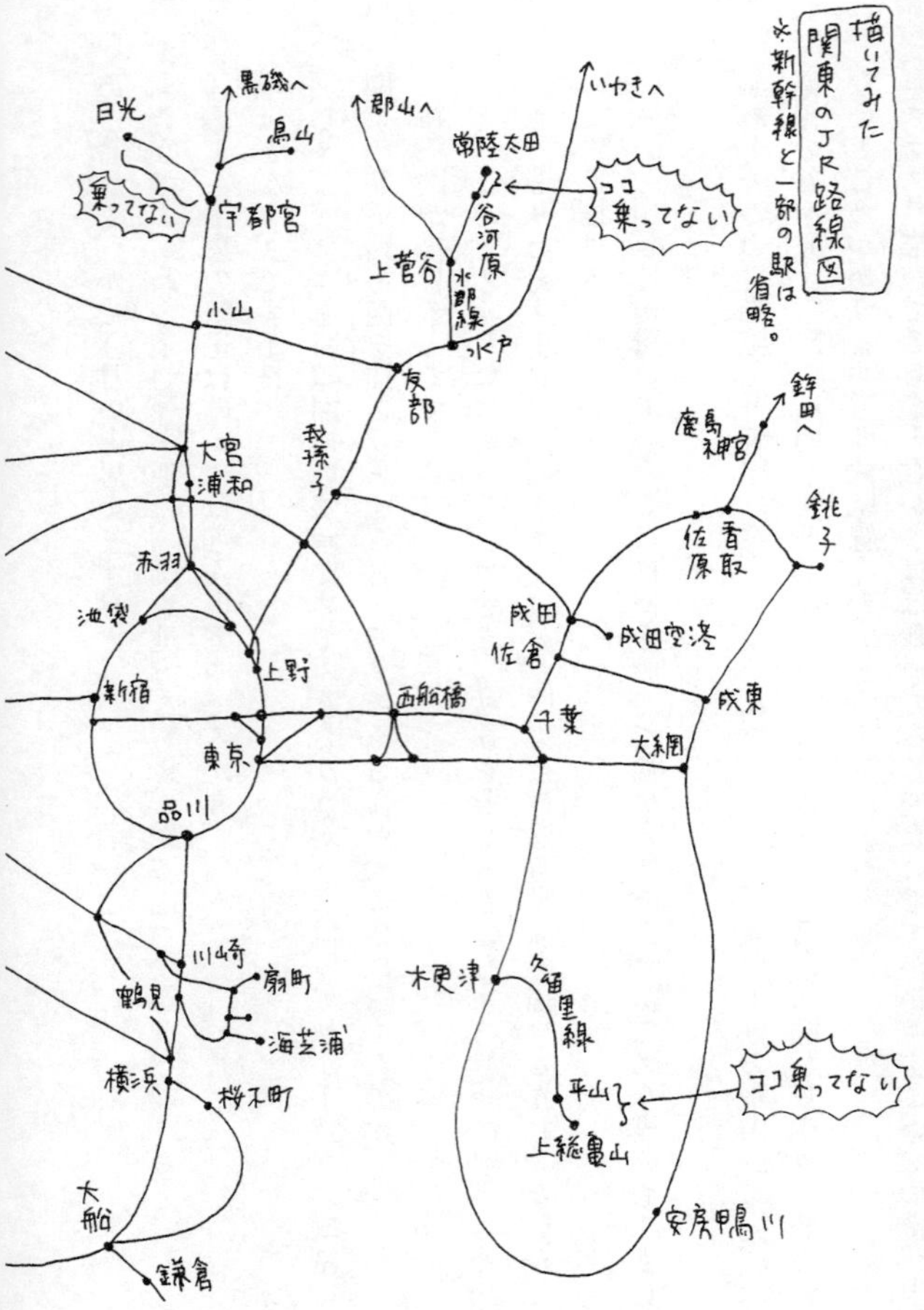

乗ってないって書いたとこ以外
全部乗ってたので
びっくりした

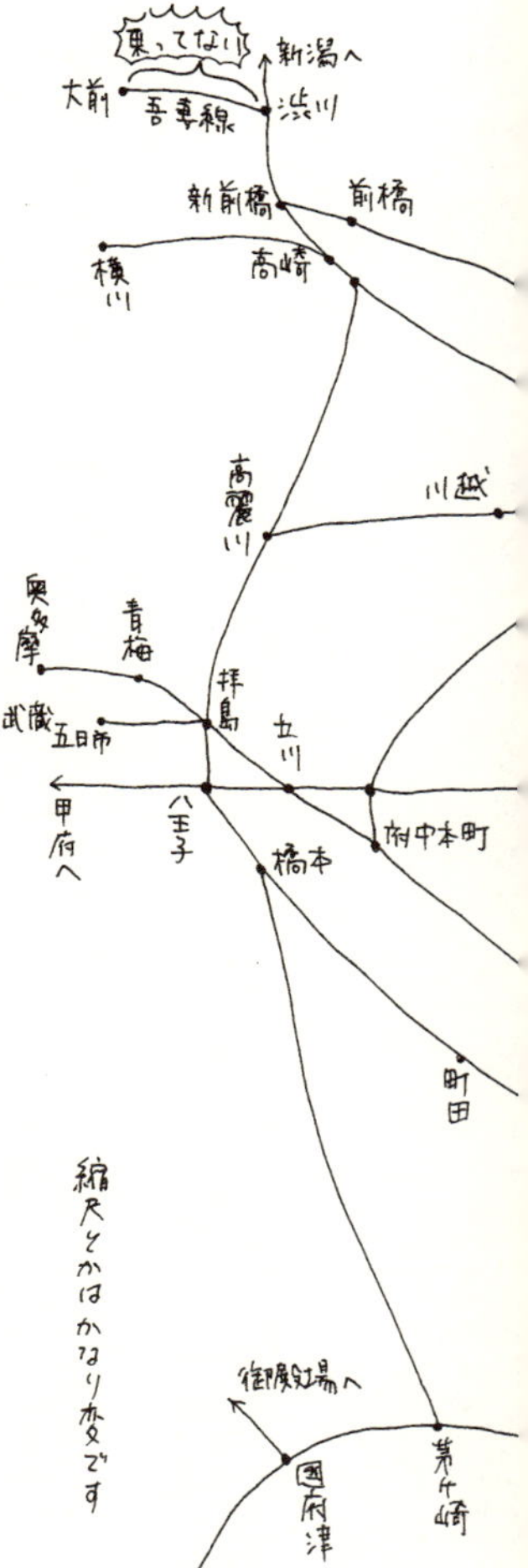

分マニアですよ！」

そうなんですかね。鉄ちゃんの本とか見てると、超ディープな人ばっかりだから自分では全然分かんないです。

「あの、なんでほんのちょっとの区間を乗ってないんですか？　この水郡線の1駅分とか……」

あ、それは、私はテキトーな駅で降りたり、1駅分歩いちゃったりするのが好きなので、終点前でついそういうことをやっちゃうんですよ。全部乗っちゃったら最初と終点ばっかりで、途中の駅を味わえないじゃないですか。途中駅のほうが古かったり、趣があったり、いいんですよ。旅情です、旅情。

「なんか分かんないんですけど、それ、やっぱりマニアだと思います！」

そうかなあ。景色を楽しんでるつもりなんだけど。

「私、この路線図保存させてください！　ほしいです！」

いつでも描けますので、どうぞどうぞ。

「もしかして駅をはじっこから全部暗記してたりするんですか？」

あー……実は、けっこうそういうのあります。でも暗記して悦に入る子どもみたいで恥ずかしいよう。別に必死で覚えてるつもりはないよ、乗ってるうちに覚えちゃう感じ。覚えといた方が便利だし。

「じゃあ、（自分の手帳を見ながら）例えばえーと、小田急線は言えますか？」

うん、小田急線はけっこう乗ってるから。新宿、南新宿、参宮橋……（略）……海老名、厚木、本厚木、愛甲石田……。

「す、すいません、そこから先はもう手帳の路線図にも載ってなくて確かめられないです……」

あ、そうなんですか。手帳の路線図ってちっちゃいんだ。でも、たぶん本当の鉄ちゃんだったらいろいろもっとすごいと思うけどなあ。このくらいはふつうなんじゃない？

「衝撃的ですよそれは！　すごいです！」

なんだかよく分からないが、鉄道に関して私はイノキンさんにやたら尊敬されてしまった。

ところで、イノキンさん自身はそもそも鉄道好きなんだろうか。私自身は鉄道好き（「マニア」ではない。断固）だけど、それほど鉄道旅行が好きでもない人に私の偏《かたよ》った趣味を押しつけるとしたら、それはちょっと心苦しいなあ……。

と思っていたら、それは杞憂《きゆう》だった。

イノキンさんは年末の帰省で、普通なら新幹線＋乗り換え2回程度で帰れる実家に、各駅停車で超遠回りして14回も乗り換えて帰ったのである（途中で2泊）！　途中、鉄道以外の観光らしきイベントはほとんどしなかったらしい。超ハード行程、しかも当然一人旅！　私だってそこまでできないよ。イノキンさん、あなたは立派に鉄ちゃんの素質があります！

そんなわけで、自分自身をマニアだとは決して思っていない私と、私を鉄道の師匠のように仰ぎつつ、もしかすると私より鉄ちゃん素質たっぷりのイノキンさんによる、計画性不十分のうっかり鉄道乗りまくりレポートを始めさせていただきます。

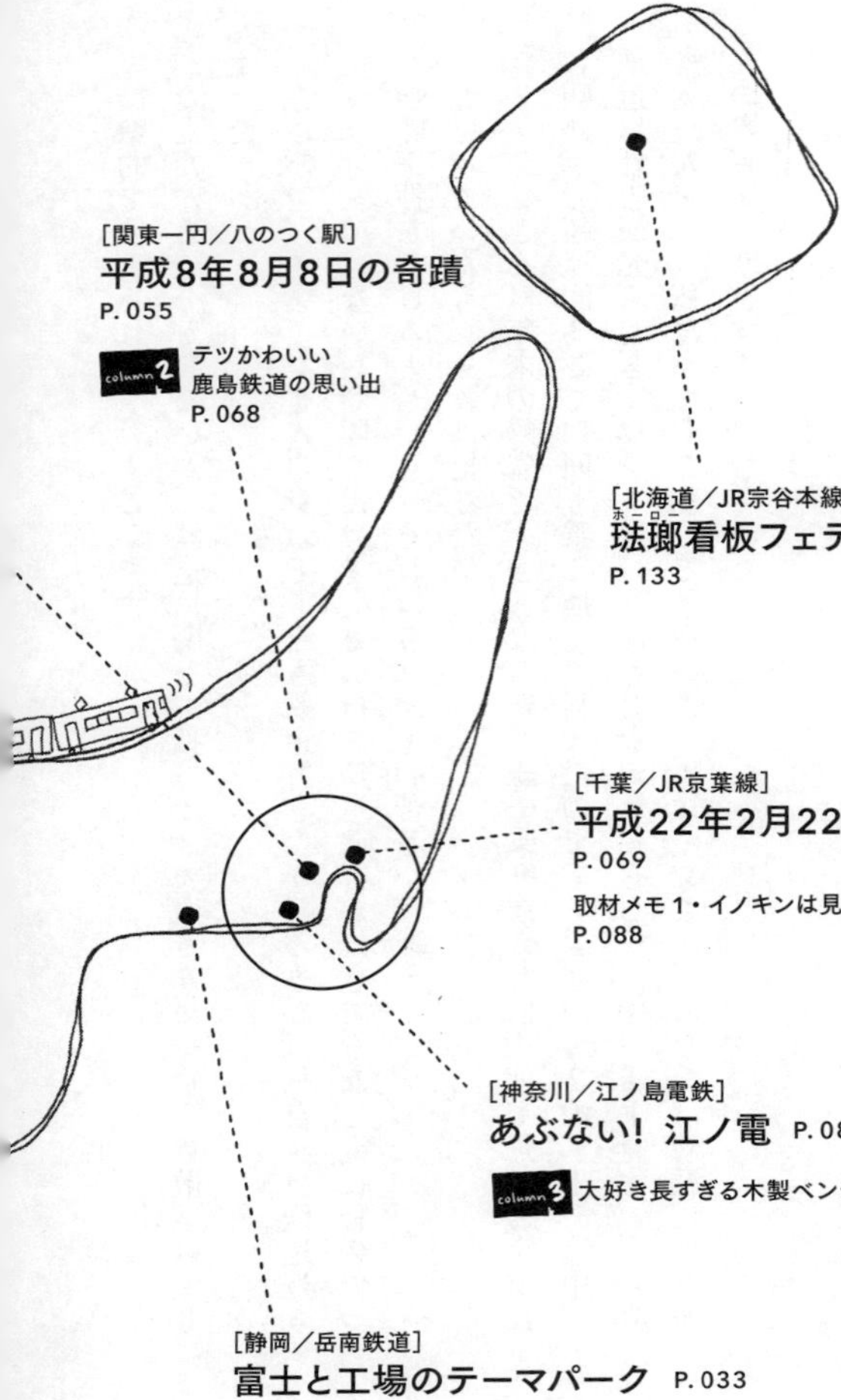

[関東一円／八のつく駅]
平成8年8月8日の奇蹟
P. 055

column 2 テツかわいい
鹿島鉄道の思い出
P. 068

[北海道／JR宗谷本線・留萌本線]
琺瑯《ホーロー》看板フェティシズム
P. 133

[千葉／JR京葉線]
平成22年2月22日の死闘
P. 069

取材メモ1・イノキンは見た！
P. 088

[神奈川／江ノ島電鉄]
あぶない！ 江ノ電 P. 089

column 3 大好き長すぎる木製ベンチ P. 108

[静岡／岳南鉄道]
富士と工場のテーマパーク P. 033

もくじ

文庫版まえがき　P. 004
はじめに　P. 006
能町的テツのツボ　P. 014
おわりに　P. 218
クレジット　P. 220
解説　市川紗椰　P. 222

[神奈川／JR鶴見線・国道駅]
鉄道の日に、
いちばん好きな駅へ
P. 015

column 1 大好き西武多摩川線
P. 032

[熊本・鹿児島／JR肥薩線]
最寄り駅から
空港まで歩こう　P. 165

[沖縄／ゆいレール]
最南端の
最新モノレール・
ツアーズ　P. 109

取材メモ 2・イノキンは見た！
P. 132

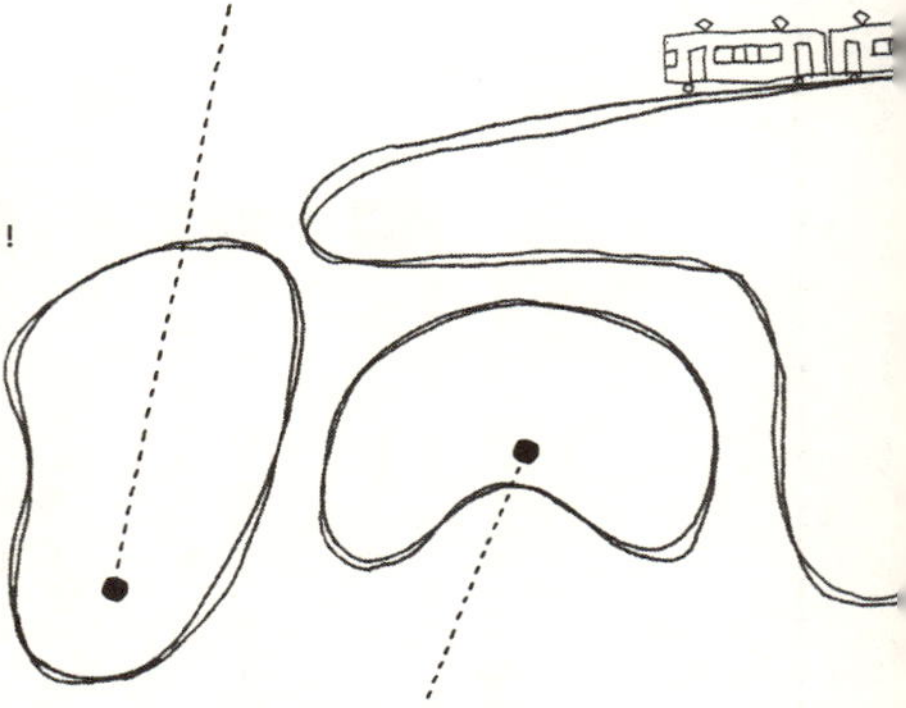

[高知／土佐電気鉄道]
あったか土佐の
小さすぎる日本一　P. 189

column 4 テツと秘境駅ツアー　P. 216

能町的テツのツボ

100％個人的な好みによる、能町的なテツの楽しみポイント。

1
車輌よりも駅や駅舎。
駅看板とか改札口とか、
かわいいポイント多数！

2
特に、お金をかけて改装したりしていない、
ローカルな私鉄無人駅にかわいいポイント多し！

3
車輌も駅舎も古いほど
素朴で味があってよし！

4
でも、レトロ調は苦手！

5
速いのも苦手。
新幹線より、特急より、できるだけ各駅停車！

6
乗ることばかりが楽しみではない。
駅の周りを観察したり、
駅から駅まで歩いてみたりという楽しみも大事！

7
乗っているときは
普通に風景を楽しむけど、
いっそのことほかの乗客まで楽しむ。
特に地元の高校生の会話がツボ！

8
大きな駅でも、秘境すぎる駅でもなく、
田舎にある素朴な駅に
ちょっとした発見があったり！

9
記念スタンプよりも、
記念に切符を買っていく！

10
洗練された都会ではない、
意外なところでオシャレカフェを見つけると
なんかうれしい（テツと関係ないけど）！

神奈川
JR鶴見線・国道駅

鉄道の日に、いちばん好きな駅へ

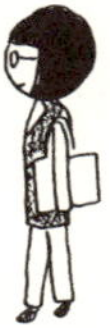

まだ取材の計画など何もない段階で、いきなり担当のイノキンさんがメールしてきました。10月14日は鉄道の日だから手っ取り早くどこでもいいから取材しよう、と。思いつきにもほどがあるな。

どこでもいいって言われても。日本（の鉄道網）は広いよ。九州行ってもいいの？

「予算も考えて、近場で！」

ま、そうだよねー。関東の近場はだいたい乗ったことあるんだけど、いちばん好きな駅に行くってことでどうですかね。

「乗りつくしてるんですか!?　さすがです！」

いや、つくしてるって言うと大ごとになるけど……。乗るために乗る、みたいなことはあんまりしてないよ！

イノキンさんは、私を鉄道の師匠のように敬ってきます。ちがうってば。マニアなつもりはないんだってば。ただちょっと旅行が好きで、移動手段ではちょっと鉄道が好きで、ちょっとのんびりしたもの（各駅停車）のほうが好きなだけです！

で、そんな他称鉄道マニア（自称はしない）の私がいちばん好きな駅は国道駅なのです。

JR鶴見線・国道駅。京浜東北線も走ってる鶴見駅の、となりの駅。

あれはもう20年近くも前（そんなに前なのか……）幼い私は初めて鶴見線に乗ったのだ。

それは中学校の同級生に鉄道マニア（自他ともに認める逸材）がいたからです。どういうわけか、私はその子に誘われて鶴見線小さな旅に行ったのです。そのとき、国道駅はただ通りすぎただけだった。

でも、私は見逃さなかった。ホームの隅っこにあった、一面を完全に赤錆《さび》で覆われた駅名看板を！「こくどう」の字も読めないほど全面錆《さ》びている！

何あれ！　キャーステキ！

キャーステキはそんなところで言う単語じゃないだろう。

錆びた看板に魅かれるなんて、ずいぶんと珍種の中1だと思うのですが、私は残念ながら今でも錆びた看板が大好きなのだ。

これはおそらく誰かに影響されたことではないのです。人生、一貫して錆とか廃墟とかが好きなのです。先天性の病気か何かなんだろうか。

~~セピア~~

赤さび色の記憶…

こんなものに感動する中学1年生。

その錆び看板は私に強烈な印象を残しました。でも、おこづかいも少ない田舎の中学生はすぐにまたそこに行けるわけじゃない（友達もいない）。夢を膨らませながら数年の時は流れ、私はある日ついに国道駅を目指して旅に出た！

……はずなのに、それがいつなのか思い出せない。

高校のときのような大学のときのような。たぶんひとりじゃないんだけど、誰と行ったのかも思い出せない。

だって、胸躍らせて行った国道駅に、もう錆び看板はなかったんですもの……。

さすがに撤去されちゃったか、と落ち込みながら、高架のホームから階段を下りてみた。

とんでもない異空間だった。

びっくりです。錆び看板の存在なんてかすむほど、ここはすばらしい駅だったのだ！

ホームから降りると、鉄道の高架の真下に通路が延びていて、左右が家や商店でふさがれています。

通路はところどころが大きな電球で照らされているだけなので、昼でも薄暗い。何にたとえたらいいか、地下文明というか、ラピュタというか、本当はいい奴なのに出来心で悪事に手を染めた男が映画のラストで殺されてしまう場所というか。

屋根をささえる柱はアーチ状で、荘厳でゴシックな雰囲気も感じる。滅びの美を感じさせる異様な佇《たたず》まい。昭和5年に駅ができたらしいんだけど、大きなつくりはおそらく開業以来変わってないと思う。

この高架下の並びは、商店街と言いたいところだけど、店がないです。店の遺跡しかない。

基本的に無人駅なのだけど、改札部分には駅員が入るスペースの木製の枠だけが残っています。30年以上前に無人駅になったんですって。この木枠がまた、何十年にもわたって人に触られたことで年季が入ってつるつるになってしまっていて、ほんといい味出してる。

この昭和遺跡が私は大いに気に入ってしまって、それから何度行ったか分からない。最近は年1回くらいで行ってる。ひとりでも行ってるし、いろんな人を連れて行ったりもした。風流を解する私のお友達は皆ここを気に入ってくださるのだ。

八丁畷駅にて
ホームヨシ!
運転線路確認
なんですかコレ!! 「ヨシ」って!! なんか大きいですよ!!
え、ああ…大きい!?
ときどきお互いのツボが分かりません

さて、東京方面からだと鶴見から乗り換えるのが早いに決まってるんですが、変則ルートを取ってみました。

川崎から南武線で尻手《しって》に出て、そこから南武線支線で八丁畷《はっちょうなわて》。八丁畷から京急（京浜急行）で花月園前《かげつえんまえ》。花月園前から国道まで、徒歩（この両駅は歩いて5分の距離）。

なんでこれをやったかというと、八丁畷駅も好きな駅ランキングでトップ100に入るくらいのところだからです。八丁畷の駅もちょっと変なつくりなのです。京急の向かいのホームに行こうとして跨線橋《こせんきょう》の階段を上がると、上がった所がJRのホームになってる。JR八丁畷のホームは、高架の上にポツンとひとつあって妙に日当たりが良く、大きなライブのステージみたいです。ギターソロとか弾きたいね。弾けないけど。

ここは小津安二郎の映画「お早よう」にも使われているんですよ。ふつうに映画を見てたら「あれ？　ここ八丁畷じゃね？」と気づいてしまった私がいるんですよ。やっぱりマニアじゃないんですか？　いえ、違いますってば！　怒るよ？

八丁畷ホームには、すみっこに「ホームヨシ！」という車掌の確認用（？）の標示がある。イノキンさんはそれを見てテンションが上がっていた。お嬢さん、そういうのはきっと今後たくさん見ることになるんですのよ。

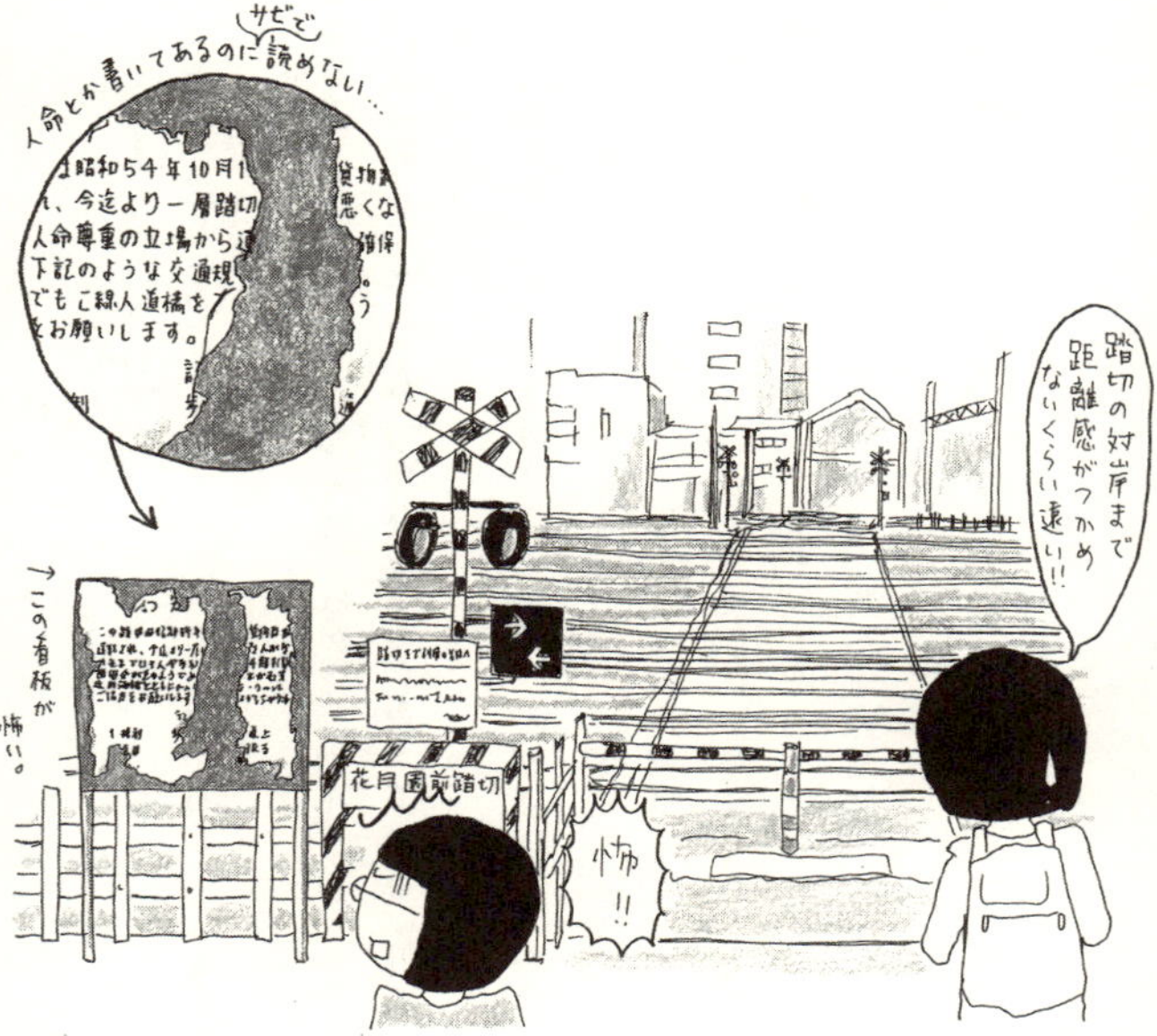
人命とか書いてあるのに サビで 読めない…
昭和54年10月1
れ、今迄より一層踏切
人命尊重の立場から通
下記のような交通規
でもこ線人道橋を
をお願いします。
踏切の対岸まで距離感がつかめないくらい遠い!!
→この看板が怖い。
花月園前踏切
怖!!

八丁畷で京急に乗り換え、花月園前駅で下車。

花月園前でわざわざ降りたのも、ちょっとしたポイントがあるからなのです。

花月園前踏切。

京浜東北線、東海道線、横須賀線、京急本線、ほかにたぶん貨物線とか（この本では細かいことは特に調べません）、えらい本数の線路が走っている、日本一長いといわれる踏切。中洲まである踏切。

この危なっかしい踏切の前には、やっぱり「急いでいる方は駅構内の歩道橋をお使いください」みたいな看板がやたら貼ってあります。長すぎて、渡っている途中で今にも警報器が鳴り出しそう。そんな踏切を、命知らずの特攻野郎である私たちは平然と渡るわけだ。渡りながらイノキンさんは写真なんか撮っちゃったりしてね！

……いや、拍子抜けだった。踏切の開いている時間はけっこう長かった。まあ今は平日の昼。ラッシュ前ですからね。朝晩はきっと開かずの踏切なんでしょう。

こうして徒歩で花月園前駅から国道駅へ向かう。国道15号に沿って歩いて行くと、鉄道の高架が現れます。その下の真っ黒い口が駅の入口。

改札の並びにある家。駅構内なのに、家。

裏出口
（旧東海道）
荒三丸
ひとつひとつが店とか家とか。
いろいろ補修中みたい…
ぬけ道？
わー
⇦駅の入口

高架の下、滅びの美は滅びてなかった。いつ来ても癒される絶望的な感じ。生きる目的が分からなくなったあらゆる悩める大人に来てほしい駅だなあ。

うれしい誤算は、国道駅の下の国道下が開いてたことです。

ええと、意味が分かりにくいですかね。

国道駅の直下にある「国道下」という焼き鳥屋が開いていたのです！

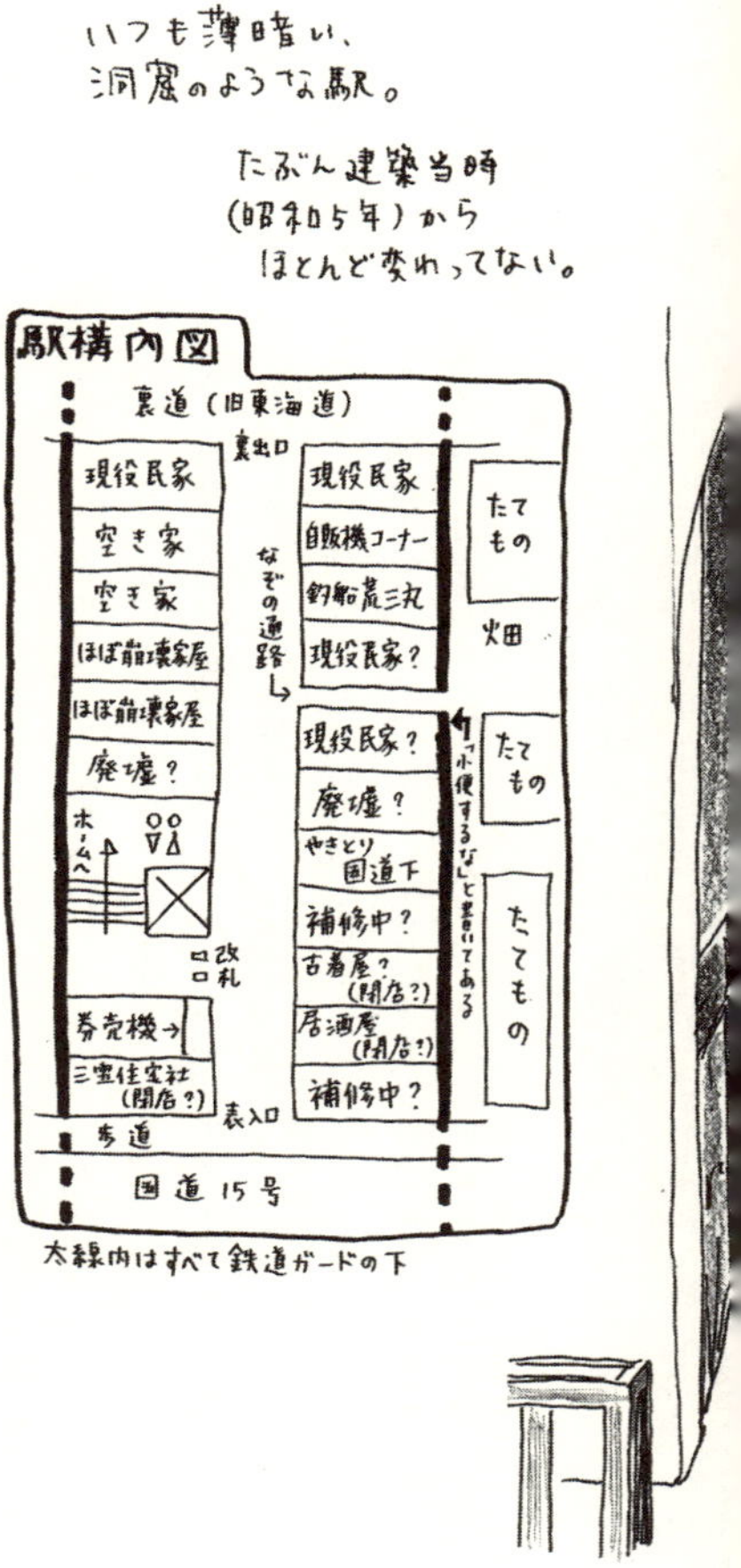

国道駅の暗い通路にあるお店は、看板で見る限りは「三宝住宅社」「衣料・雑貨フリーウェイ」「国道下」「お酒とお食事　とみや」「釣船荒三丸」など多数ありますが、今まで私はどれひとつとして開いているのを見たことがなかった。

ほとんどはシャッターが固く閉じられて看板が薄汚れ、闇のオーラがただよっている。私は壊滅したものと思っていた。その並びに住宅もあるんですが、壁が今にも崩れ落ちそうで、扉に大穴が開いてたりする。もうどっから見ても生きてる感じがしない。壁の間に、かがめばどうにか通れる通路みたいなものが1か所だけぽかんと開いていて、そこからわずかに日が漏れています。そこをくぐって駅の外に出ると、何があるわけでもなくとても狭い路地が続いている。壁には、「小便するな」と書いてある。怒りに震えた相田みつをみたいな字。

……そんなところですよ。商売なんか行われてないと思っていた。

私は今までたいがい休日にここに来ていた。平日の夕方以降にここに来るのは初めてだったのです。そうか、国道下は平日夜なら開いているんだ！　まだここはとても元気だ！　うれしい！

お店の前にテーブルを出して焼き鳥をほおばる家族づれもいる。しかし、たぶんここは駅構内。自由でいいね。

こんな駅でも「構内駐輪お断り」なんて書いてあるんですが、「構内にテーブルを出して飲酒」はOKなんでしょうか。OKだよね。そうでなくっちゃね。残念ながらあんまり時間のない私たちは、焼き鳥をテイクアウトすることにしました。

「おいくらですかー」

「50円！」

安すぎ!! 東京の下町より安いよ。

いつか国道下でゆっくり飲みたいと思いつつ、私たちはホームベンチで焼き鳥を食べた。電車は案外ひんぱんに来るし、けっこう混んでる。

「どう……ですか、私とテツ旅をするとこんな感じになっちゃうんだけど。一駅観察しまくるだけで終わっちゃったり……」

「いえ、いいです！ ここ、いいですよ！ もっといろいろ知りたいです！」

なぜか鉄道を知ることに貪欲なイノキンさんと、鉄道マニアを否認する私の旅はまだ始まったばかりなのです。

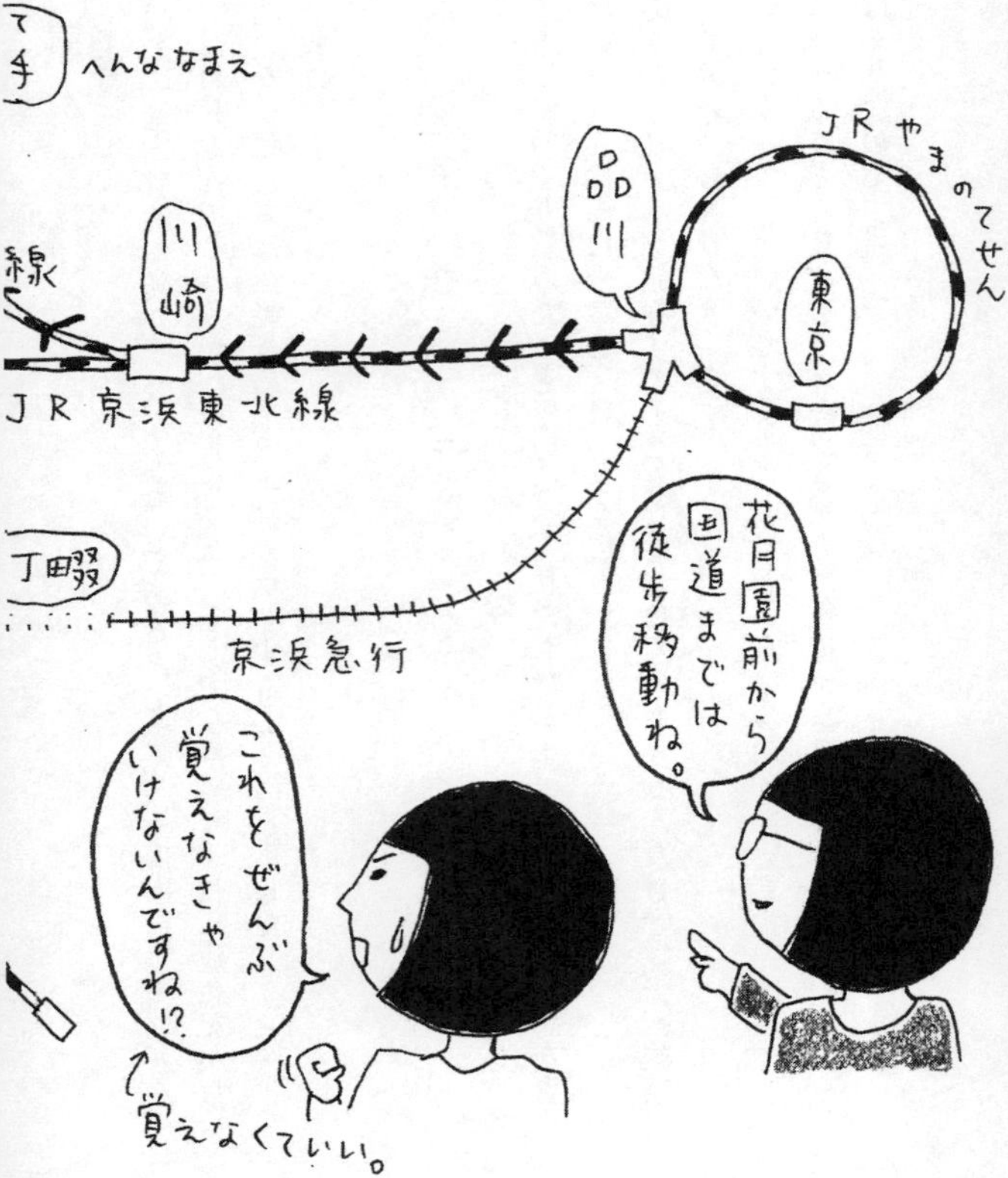

JRやまのてせん
東京
品川
川崎
線
JR京浜東北線
て
手
へんななまえ
京浜急行
花月園前から国道までは徒歩移動ね。
これをぜんぶ覚えなきゃいけないんですね!?
覚えなくていい。

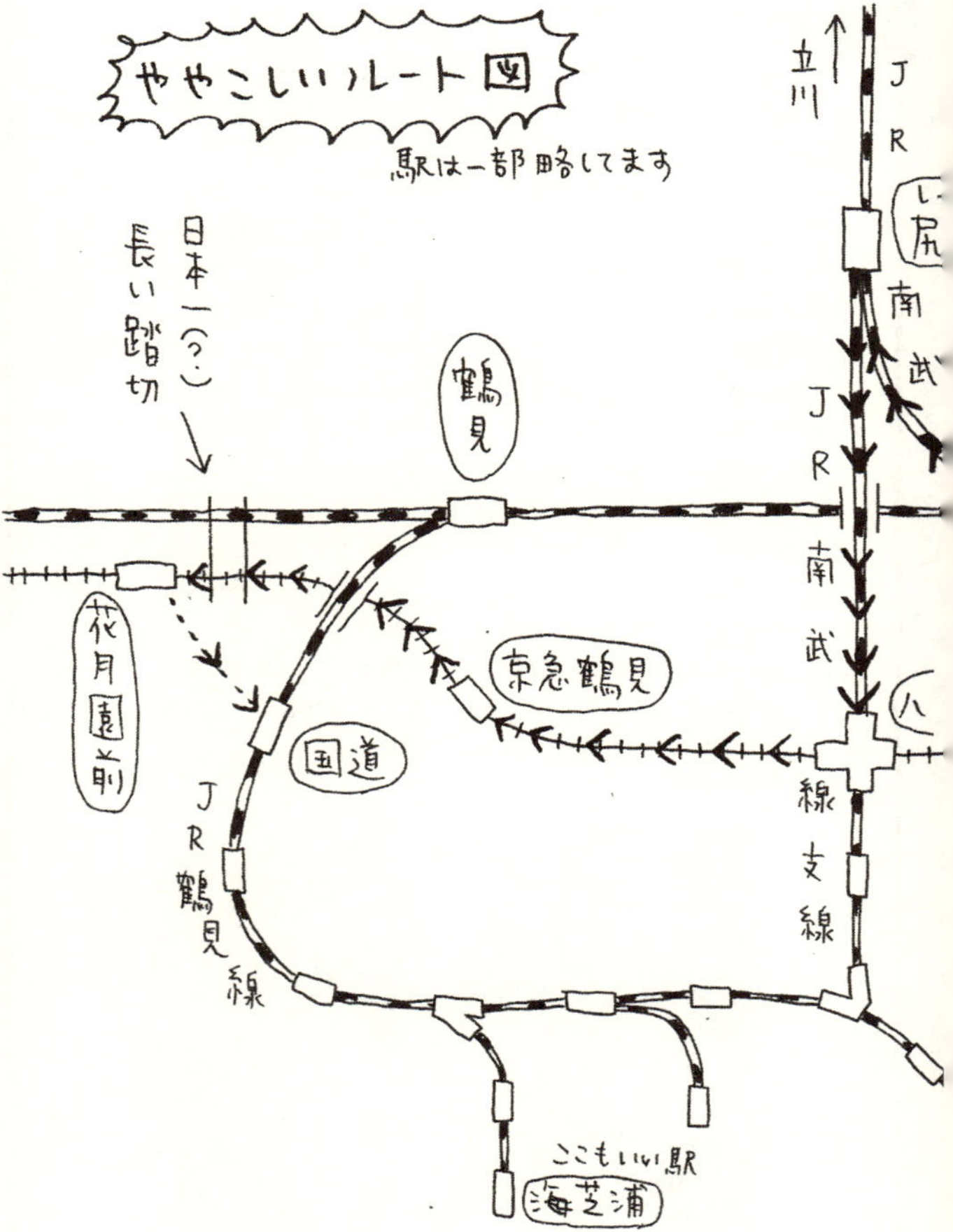

ややこしいルート図
駅は一部略してます
立川
JR
JR南武
南武
日本一(?)長い踏切
鶴見
花月園前
京急鶴見
国道
JR鶴見線
線支線
ここもいい駅
海芝浦

column 1

大好き西武多摩川線

いま私が住む東京都内って、大都会だけになんでもきれいに洗練されてしまって、私が心躍るような鉄道が少ないんです。

そんななかで、新宿から20分程度の武蔵境駅から出ている「西武多摩川線」は孤高の存在。東京在住者にも知名度がすごく低く、いまだに奇跡的なほどローカル臭を漂わせている大好きな路線です。

まず、このご時世にいまだに自動改札がない。ICカードが導入されたので、さすがにカードをタッチする機械だけは申し訳程度に設置されましたが、基本は駅員さんによる改札です。

そして、安全のためにホームドアなどが設置され始めているこのご時世に、こちら側のホームから向こう側のホームに行くためには駅構内の踏切を渡らなきゃいけない。ふつうは地下道をくぐったり、歩道橋が設置されてたりすると思うんですが、そこまで作るのはめんどくさかったんでしょう。

この路線、朝晩は通勤通学の人がそれなりにいるけど、沿線に大きな街もないので昼はものすごくガラガラです。どこにも乗り換えられないし、存在意義がいまいち分からない。でも、たまった疲れを癒すにはいちばんです。私はたまに意味もなくこの路線に乗りに行きます。

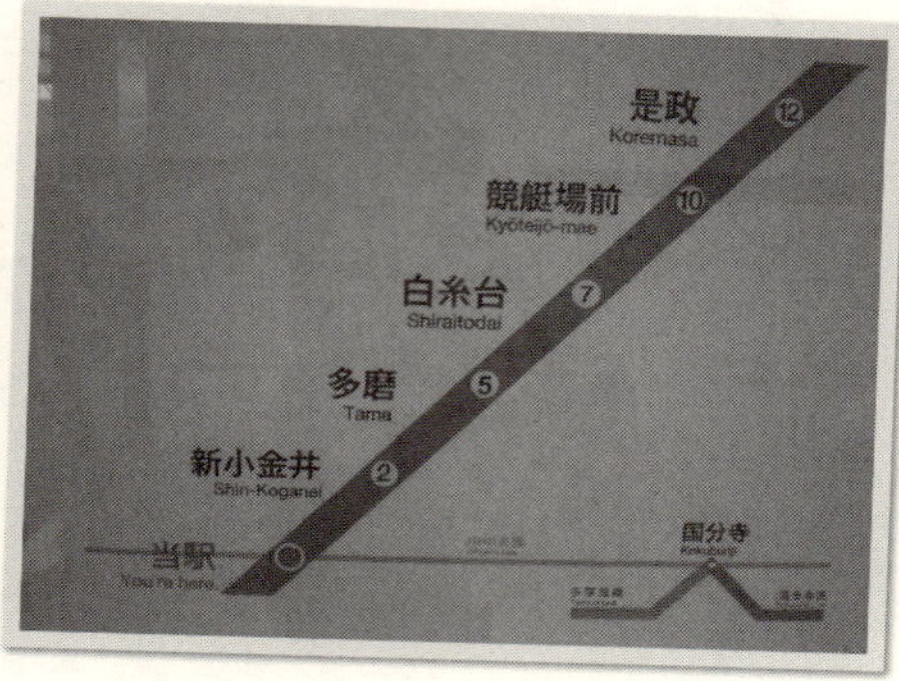

駅の路線図。西武鉄道なのに、ほかの西武線とはなればなれになっている。

富士と工場のテーマパーク

静岡
岳南鉄道

岳南《がくなん》鉄道がなんでこんなに注目されてないのか分かりません。

鉄ちゃん自体、もうわりと市民権を得た感がありますが、世は廃墟だとか工場だとかへの「萌え」でも盛り上がっているではないですか。岳南鉄道は鉄道・廃墟・工場という3つの要素をあわせ持っているんです。鉄ちゃんのみならず、廃墟好きや工場好きのたぐいが大挙して押しよせてもいいはずなんですよ。


「ということで、今回は岳南鉄道さんぽに行きましょう。工場の景色がね、ほんとにいいの」

「はあ」

イノキンさんが工場萌えの素質を持ってるかどうかは置いといて。

岳南鉄道は、静岡県の、富士山の南にあるから「岳南」。東京からなら新幹線で三島まで行き、各駅停車に乗り換えて吉原へ。そこから乗り換える私鉄です。東京からずっと各駅停車で行っても苦になる距離ではないです。

東京駅で待ち合わせると、イノキンさんは「昨日買っておきました！」と、やる気たっぷりで新富士までの切符を渡して来た。

いきなりうっかりだ!!

新富士は三島の次の駅だよ。行きすぎだよ。

「すいません、なんか、富士山のイメージが強かったのでつい……」

切符の払い戻しで早くも当初の予定から遅れたものの、新幹線でばーっと三島へ、そして吉原へ。まだ午前10時。ＪＲのとなりにある小さなホームには、これまた小さな赤い電車がかわいく1両だけ停まっています。発車まではまだ時間があるので、休日限定の乗り放題切符を買ってからちょっと吉原駅周辺を歩いてみる。さみしい。駅前がガランとしている。いわゆるシャッター通りというよりも、もともとほとんど何もなかった風情。

のんびり戻ってきたら、あら、さっきの赤いのがもう行っちゃってました。次の電車まで40分待ちです。私たち、こんなときどうする？

そりゃもちろん歩くよね。先の駅まで歩くよ。これまでいつも私はそうしていた。

イノキンさんが「地図あるんですか？」と心配してくるけど、なんとなくでいいよ。こっちかなーっていう方向に歩けばどっかの駅に着くよ、たぶん。

ああ、正面にはよく見える富士、すばらしい青空。

しかしそれに反して、くさい。

このへんは製紙工場がたくさんあるんだ。煙突がモクモクしてて、くさい!! こりゃ東京より空気悪いな。

そんななかを、なんとなくの勘で次の駅に歩きます。来る前に少し見た地図の記憶では、2つ先の駅のほうにならら歩けるはずだった。でも、勘の方向にいくら歩いてもなんにも見えてきません。街らしきところにたどりつくはずなのに、ずっと工場っぽい殺風景な景色が続いて、街っぽさのかけらもない。それにくさい。

2キロくらい歩いたら初めてコンビニがあった。チョコまんを買って、地図を立ち読みしてみました。


超まちがってたー。

2コ先の駅を狙っていたつもりが、もう4コ目の駅のそばまで来ていたのでした。そりゃー長く感じるわけだ。ま、それでも4駅分歩いたのはある意味得したよ。

「あ、ほら、踏切見えてきた!」

「あ、よかったー。あのへんが駅ですかね?」

屋根が真っ赤で
かわいい岳南原田駅

たぶん築50年くらい
無人駅

待合室⇩

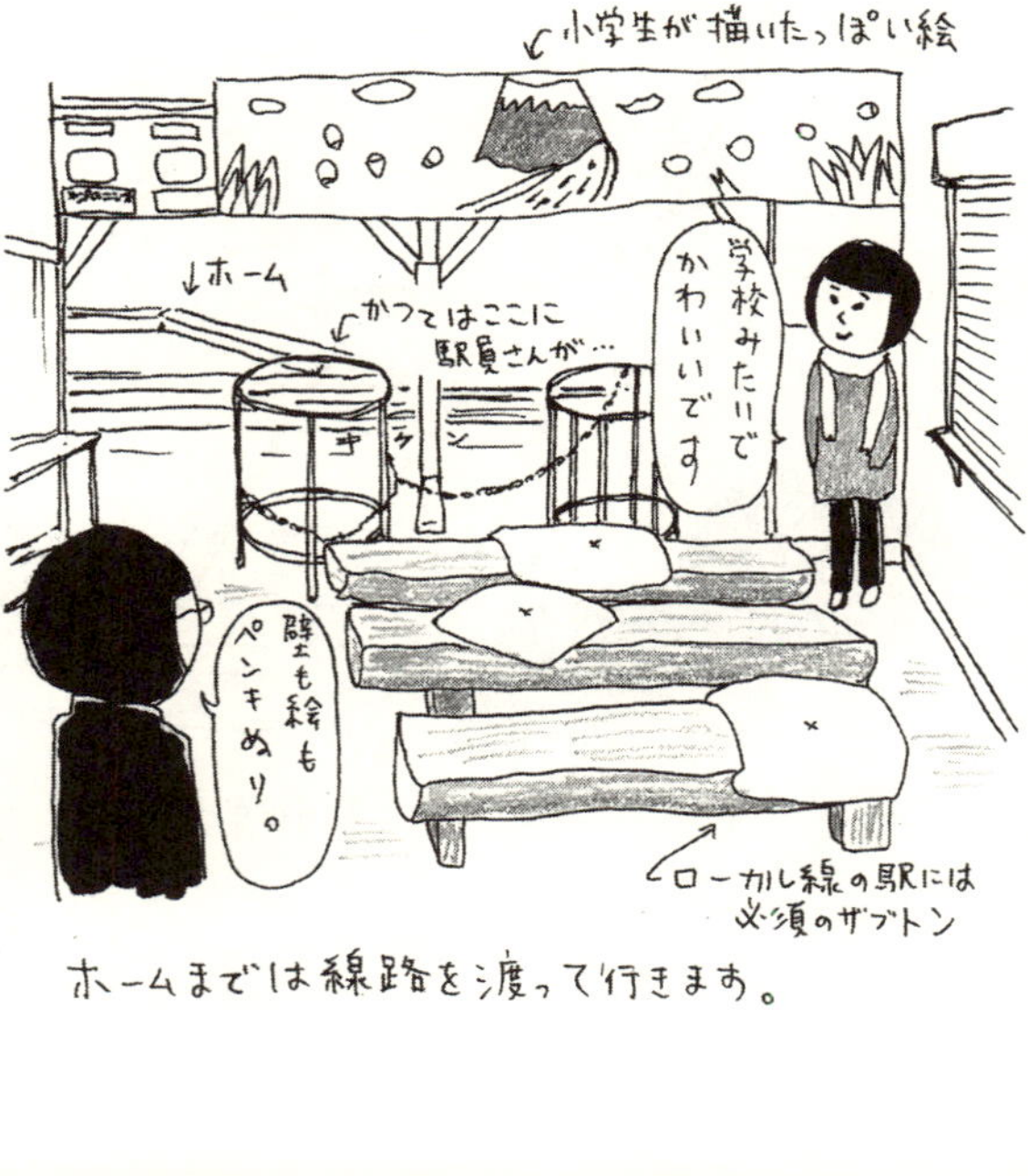

ホームまでは線路を渡って行きます。

原田に電車が来た！ やっと電車に乗れる！

2人が達成感に浸ったのもつかの間、あ、目の前で踏切が閉まって、1両のかわいい電車が、あ、無情にも……行ってしまった……。切符うっかり、道うっかりのおかげで電車を2本も逃すとは。また30分待たなきゃいけない。

やっと着いた岳南原田駅は年季の入った木造で、私の大好きな感じの駅だったのが不幸中の幸いです。写真とか撮ってぼんやりしてたら30分なんてすぐ過ぎるさ。


ほら電車が来ました。

ああ、やっと電車に乗れる。岳南鉄道に乗りに来たのに、乗るまででこんなに文字を費やしてやがる！ なんて効率が悪いんだ！

で、岳南鉄道のクライマックスは岳南原田駅と比奈駅の間なんです。道をまちがったせいでいきなりクライマックスシーンから乗っちゃって、ちょっともったいない。

なぜここがクライマックスかというと、工場と工場の真ん中を縫ってくねくねと電車が走るのです。電車の上を平気で工場のパイプがまたいだり、大きなタンクの横を通ったり、まるで工場の中を運ばれていく気分なんです！ 電車が工場に吞まれてる感じなんです！ ディズニーランドのアトラクションみたい！ あのワクワク感、文字じゃ表しきれないよ。

比奈でふつうに見られる景色です。

いきなりのクライマックスが終わると電車は比奈駅に着く。ここでもう私たちは降りました。なぜか。ここにオシャレカフェがあるからさ。

ここにも木造駅舎（意外にも無人じゃなかった）がぽつねんとあり、大きな富士が見え、その前にめちゃくちゃにパイプのはりめぐらされた工場があり、「喫茶美人」というボロッボロの看板（本体はどこだか不明）がある。駅のそばにはいつ打ち捨てられたのか分からない、塗装が完全に錆び切った古い電車（？）がいくつも置いてある。あとは殺風景な工場の寮のようなものと砂利の敷かれた空き地しかない。そしてやっぱりくさい。

なんなんだこの荒涼とした地は。ゴーストタウンなのか。でも、富士が見えるからアメリカ西部の雰囲気は皆無。日本で唯一と思われるこんな独特の雰囲気の地に、ローカル・オシャレカフェが！　奇跡の立地なのです。

駅を出て空き地をつっきり、人通りが全くなくてトラックだけがごくたまに通る道を渡ると、小さな四角いふつうの家がありました。よく見るとテラスにテーブルが置いてあって小さな看板があって、そこが「比奈カフェ」なのでした。

どこにでもある油断だらけの駅前喫茶ではありません。家具のひとつひとつがかわとても目立たない比奈カフェ。
見つけてほしい

いく、だるまストーブがあるすてきなカフェです。ここにオープンしてまだ5年程度らしい。

なによりこのとんでもないロケーションだけで、私はここに百点満点以上与えてしまう。だってここ、21時半で終電が行っちゃう駅と、工場しかないいんだよ。そして富士が見えるんだよ。ここにカフェを作ろうっていう意気に花束だよ。私は2か月に1回くらい、自分へのごほうび（OL用語）としてここに来たいね。ここでだらだら本読んだり仕事したり、するんだ。ふふ。

長く歩いた疲れもあって、私とイノキンさんはそこでだいぶだらだらしてしまった、が、岳南鉄道にはまだ1駅分しか乗ってないんだった。もっと楽しまなきゃ。

ちなみに、岳南鉄道の乗り放題券は400円という採算度外視の価格でございます。終点まで片道320円なのに！　ひどい安さだよ、だいじょぶなの？

比奈から、とりあえず終点まで行ってみましょうか。車内の席は2〜3割しか埋まってない。休日のためか、いかにも鉄ちゃんと思われるおじさまがたが、ものものしいカメラをたずさえて乗っている。が、ビニール袋を牛乳やらミカンやらでパンパンにして爆睡している母娘連れもいます。よかった、地元の人もいるんだよ。

田舎に行って鉄道を使うと、「乗って残そう○○線!!」っていう看板がよく置いてあるけど、それはもうつぶれそうだというサイン。岳南鉄道にそれはなかったのだ。ここはきっとつぶれないよ。


そんな電車はのんびりと終点の岳南江尾《がくなんえのお》駅へ。

岳南江尾。どことなくこの世の果てのような悲しい駅。木造の古い駅舎はあるけれど、人はいない。駅を出ても店ひとつない。前に来たときは駅を出てすぐ蛇に出くわした。

なんでこんなに悲しい気持ちになるかというと、きっと真上を通る東海道新幹線の高架線路のせいです。ときどき、ゴオオオ!! というとんでもない音を立てて新幹線が一瞬で通過する。高架の陰のせいか、一帯は薄暗い。この小さな駅も鉄道という点では一緒のはずですが、あまりの格差です。

せめてここに新幹線の駅を作ってあげればよかったのに。そしたらみんなこの駅を乗り換え駅にして、どこかに行くのにね。

でも、私はほんとは、このさみしさが好きなんだ。

比奈→岳南原田の車窓。

自分が工場の奥に
運ばれてゆくみたい。

岳南江尾では特に何も見ず、いま来た電車にそのまま乗って戻ります。あれ、さっきの買い物袋をもった母娘連れがまだ乗りつづけてる。なんで折り返してるの？　まさか、鉄ちゃん？　でもその生活感あふれる買い物袋はどう見ても地元の人。

母娘は岳南富士岡駅で降りました。小４くらいの女の子が、いそいそと電車の写真を撮っている！

どうやら、まさかの母娘鉄道マニアなのでした。父&息子なら分かるんだけど、いまどきの鉄道マニアの裾野は広いなあ。でも、買い物袋からして、地元の人なのはまちがいないと思う。地元の岳南鉄道が大好きってことなのかな。

電車は吉原方面に戻って行き、その間、またさっきの比奈〜岳南原田間のクライマックスゾーンを通ります。工場！　工場！　パイプ!!　私はこの雰囲気を収めたくなって、デジカメを動画モードにしてしまった。

「いちばん前に行って撮りましょうよ！」

イノキンさんがそそのかすものの、すでに電車大好きの小学生数人がかぶりつきの席にいる。そこにこんな得体のしれない大人２人が行ってはいけないと思う。

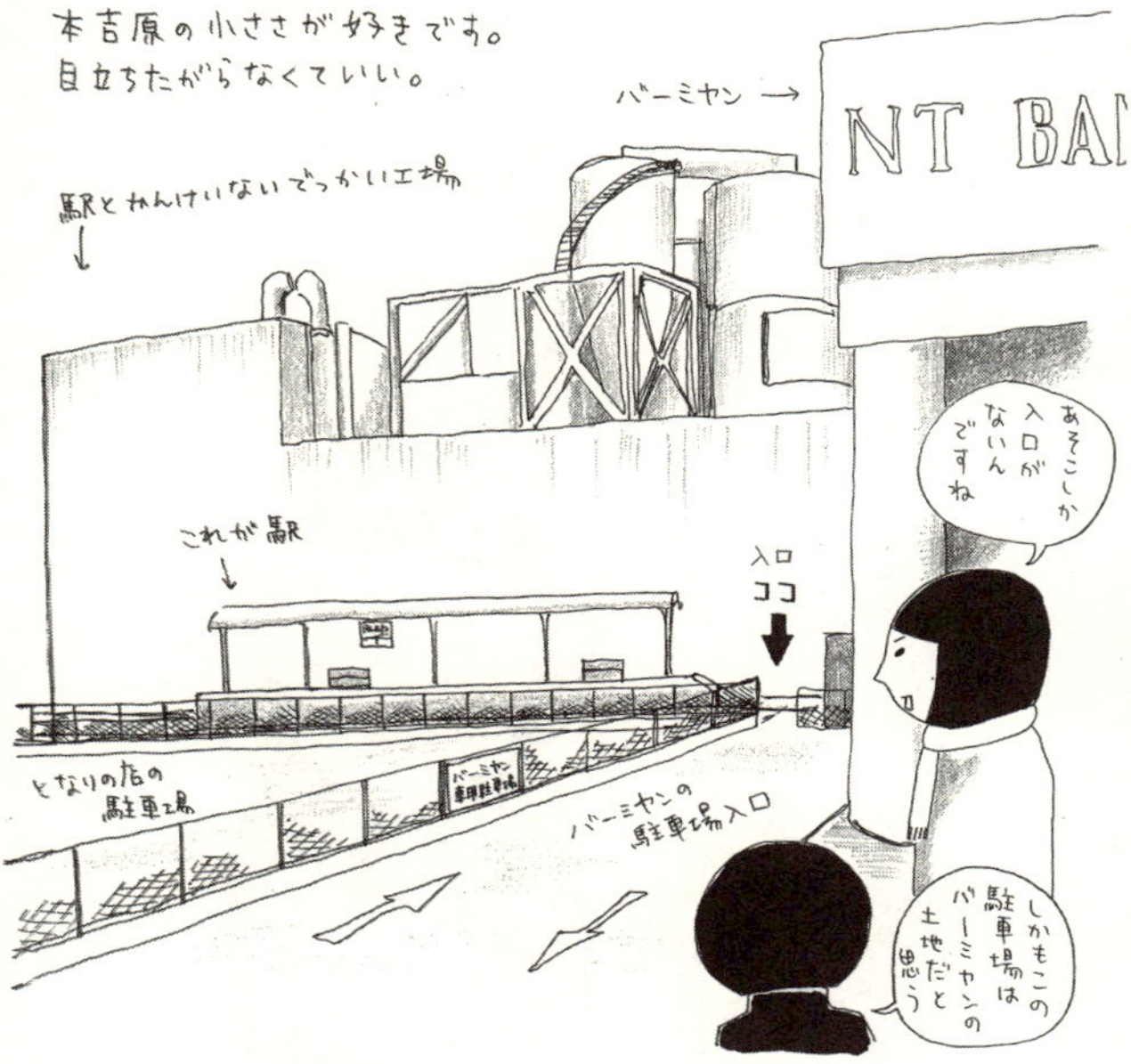
本吉原の小ささが好きです。
目立ちたがらなくていい。
バーミヤン →
NT BA
駅とかんけいないでっかい工場
これが駅
入口
ココ
あそこしか入口がないんですね
となりの店の駐車場
バーミヤン 駐車場
バーミヤンの駐車場入口
しかもこの駐車場はバーミヤンの土地だと思う

日東ベーカリーは
でかいよ!!
しかも並びには
もう1つパン屋が。
どんな競合だ。
でかいよ…
コッペパン
メニュー豊富すぎ。
コッペパンに
サンドする品物
コッペ 1ケ ¥110.
・ジャム
・ピーナツ
・ツブ入りピーナツ
・チョコレート
・カスタードクリーム
・ホイップクリーム
・バター
・つぶつぶイチゴソフト
¥160.
・キナコフレーク
・キャラメルフレーク
・生キャラメル
・あん
¥170.
・あんバター
・ジャムバター
・クリームバター
¥180.

そんなわけで、子どもの頭越しに、こっそりと動画を回しました。

画面下部にずーっと子どもの後頭部が映りこんだ工場動画を撮り終え、私たちは本《ほん》吉原《よしわら》駅で降りた。

すごい駅です。本がついてて本物感を出してるわりには、バーミヤン（ファミレス）の駐車場のフェンスの途切れたところが入口という、異様に肩身が狭い無人駅です。広い駐車場と巨大な工場のタンクの間にちょびっとホームが置いてある感じで、かなり近くに来ないと駅の存在にすら気づきません。

本吉原と吉原本町《よしわらほんちょう》（次の駅。名前がややこしい）のあたりは吉原という街の中心地。駅間の距離がものすごく短いので、私たちは吉原の街をさんぽしながら吉原本町駅に向かいました。おっきなコッペパンのある「日東ベーカリー」は、コッペパンの間にいろんなクリームをサンドしてくれます。私はきなこフレークをサンドしてもらいました。イノキンさんは、あんバター。男子学生用のボリュームでした。

吉原本町の駅も小さいけれど、本吉原と違ってだいぶ存在感がある。きちんと商店街がつらなっていて、街っぽい。ややシャッター通りっぽいけれども、岳南鉄道とともにがんばっていただきたいものです。

吉原本町駅から吉原駅まで戻る間も、左右に工場が見える。間にあるジャトコ前駅なんていかにも工業地帯の駅です。その名のとおり、ジャトコという工場の前にあります。でも、工場群はちょっと線路から離れているので、アトラクション度で言うと断然「岳南原田〜比奈」のほうが上だね。


とまあ、どうにか乗りつくして吉原駅に帰ってきた私たちです。

「私、いきなり切符まちがえてすみませんでした……」

「いや、私こそてきとーに歩いたから道まちがったし。でも、やっぱりここ楽しい」

「あ、そうですね。駅がかわいかったです。あと、途中の駅にいた猫が」

イノキンさんのツボの中に工場は入ってなかったです。

でもいいの。2人ともテツかわいい部分は十分味わったから。

岳南鉄道の駅はみんなこんなかんじ
ほんわかした木造。たまに絵が描いてある

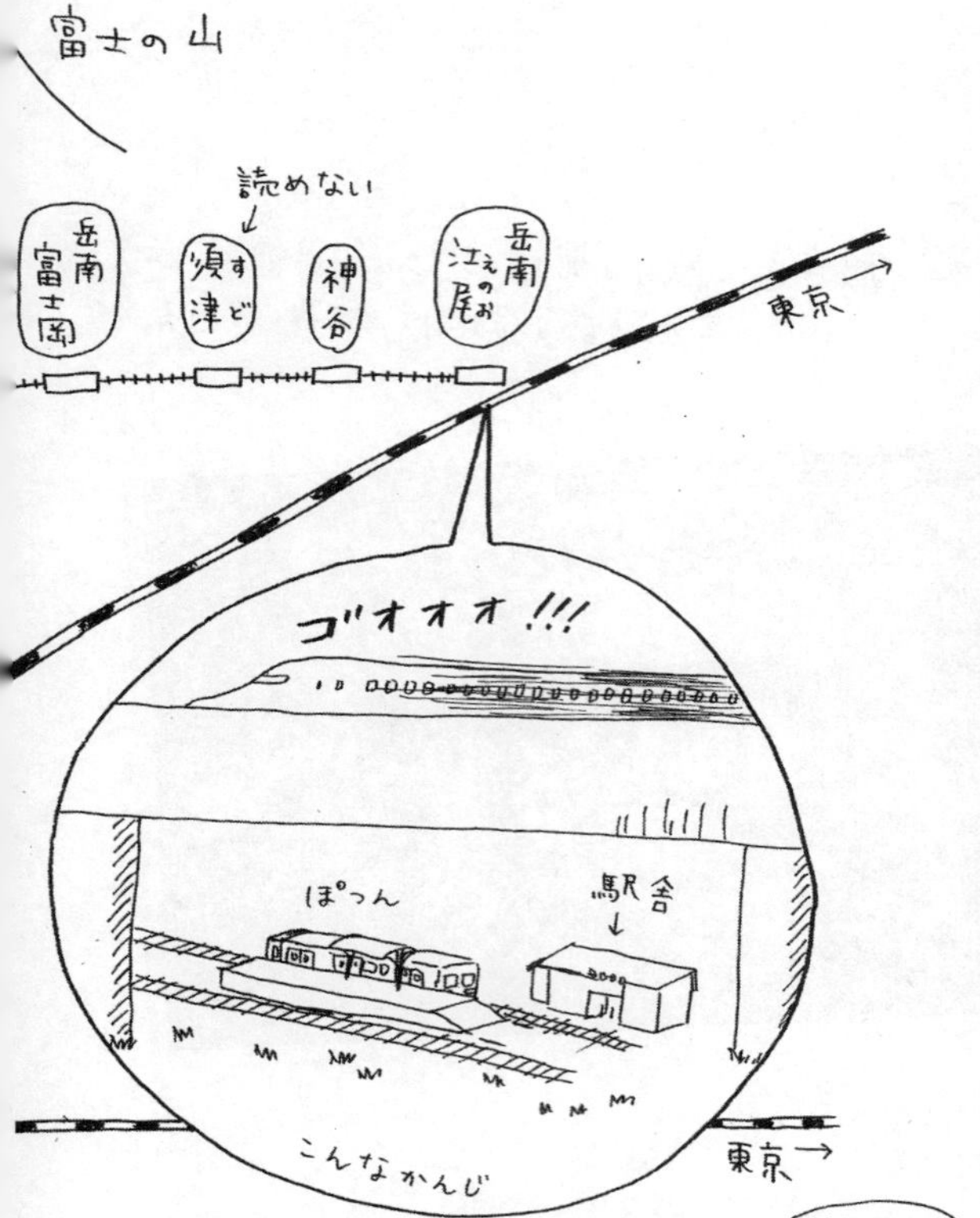

ほんとは①の道に行きたかった。
まちがって②に行った。

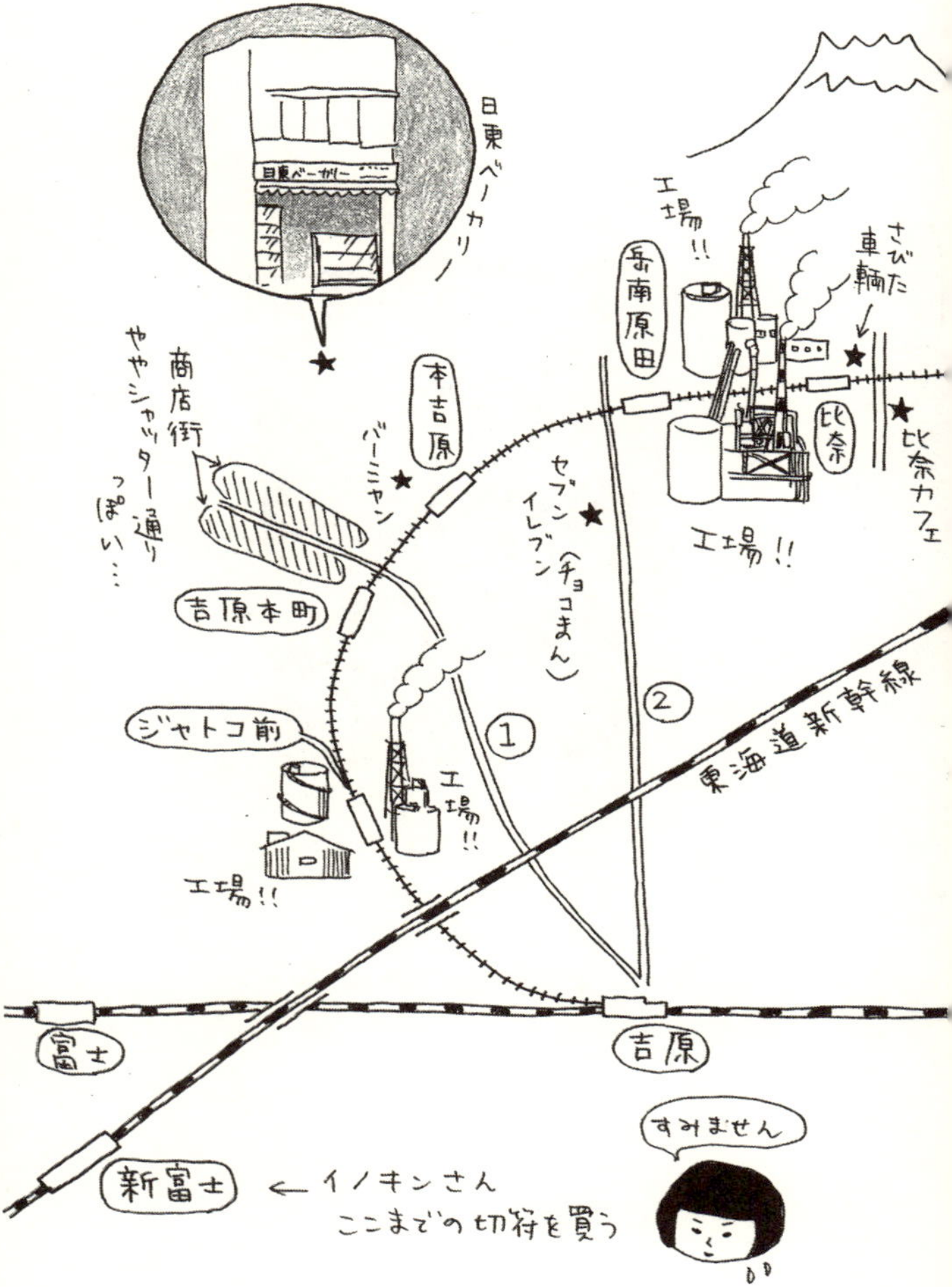

日東ベーカリー
日東ベーカリー
商店街
ややシャッター通りっぽい…
本吉原
バーニャン
セブンイレブン（チョコまん）
岳南原田
工場!!
さびた車輌
比奈
比奈カフェ
工場!!
吉原本町
ジャトコ前
工場!!
工場!!
①
②
東海道新幹線
富士
吉原
すみません
新富士
← イノキンさん
ここまでの切符を買う

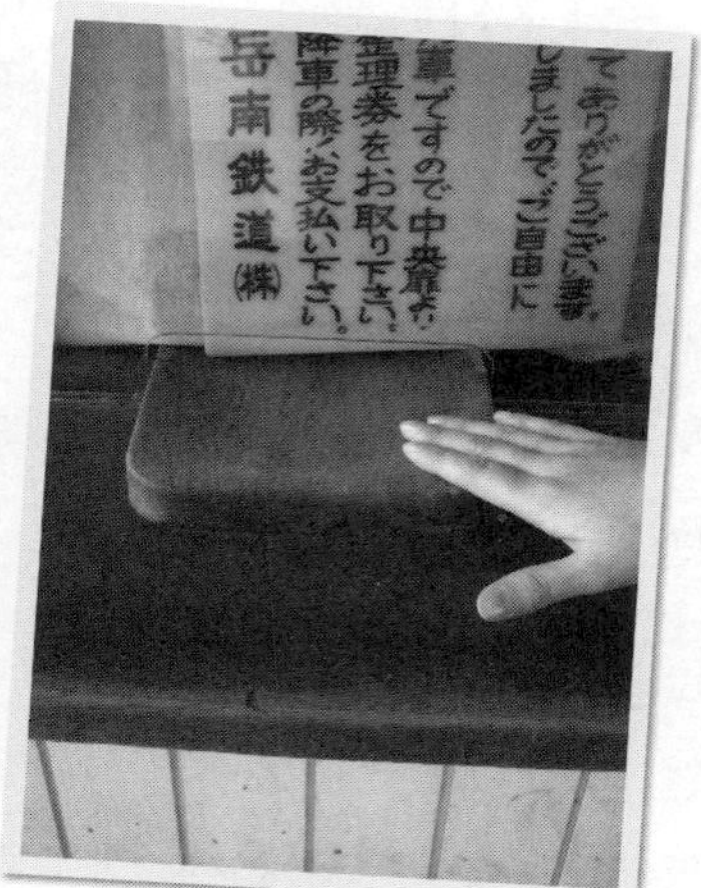

窓口、木のぬくもりです、が、
もう使われてないのかなー？

平成8年8月8日の奇蹟

今は昔。平成8年8月8日のことである。

私は、非常にくだらなく、めんどくさいことに情熱を燃やしたんです。平成8年8月。私は高校3年で、受験の年でした。誰が言ったか知らないが、そのころも「夏を制する者は受験を制す」なんて言われてましてね、ああうぜぇ、と思っていた。むしろ私は夏に制されていた。暑いのやだし。家じゃどうせ勉強なんてできないし。図書館の学習室は朝早く行かないと席がすぐ埋まっちゃうし。

だいたい、春夏冬の長期の休みは、必ず友達と旅行に出ていたのです。もちろん貧乏な高校生のこと、すべて日帰り、しかも青春18きっぷ。特急や新幹線なんか当然使わ（使え）ない。ものすごい早朝に出て、1日でどこまで行って帰ってこれるか、耐久レースみたいなものでした。こんなことをいっしょに楽しむ友達が当時から男女半々くらいのバランスで周りにいたんだから、奇蹟的です。

しかし、さすがに高3の夏休みとなると友達を誘いにくい。みんなはまじめに勉強してるかもしれないし。あーどこかに行きたい。と、学習机の前で鬱々とする夏休みだったのです。

で、ふとそのことに気づいたのは確か、せいぜい3日前かそこらのことだったと思う。

あ、今年って平成8年8月8日が来るんだな、ということ。

8年8月8日なんだから、八のつくところにでも行ってみたいなー、と、ふと思っちゃったんです。

八がつくところ。関東に住んでいた私が日帰りで行けるところ。

えーと、**八王子**。あんまり行ってもおもしろそうではない。

以前に家族旅行のとき、千葉の**八街**《やちまた》というところを通った。でも、何があるかは知らない。んーどうしよう。

八がつくところって、意外とあんのね。

考え出したら止まんないんですよね。勉強をしなきゃいけないときにかぎって、勉強以外のことに対する集中力がめちゃくちゃ研ぎ澄まされる。私はテレビ台の下の、電話帳とか辞典とか、厚い本が置いてあるところをあさって時刻表を出してきた。関東に八がつく駅はけっこうたくさんあった。

……八年八月八日に、八がつく駅、八か所回れそう。

こうひらめいたときの私の、エウレカ！　と叫びたい気持ちといったらアンタ。暗

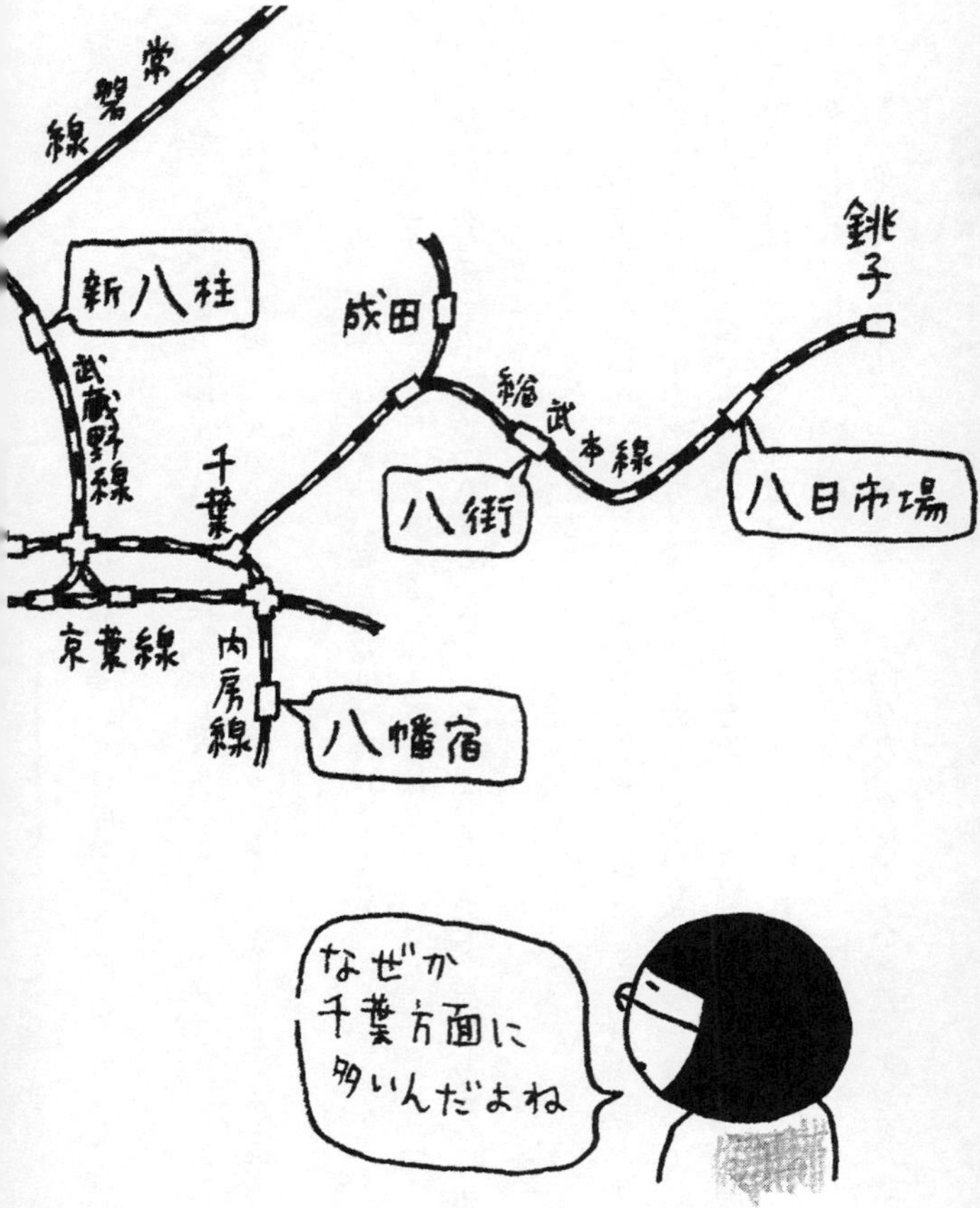

常磐線
新八柱
武蔵野線
成田
銚子
総武本線
千葉
八街
八日市場
京葉線
内房線
八幡宿
なぜか
千葉方面に
多いんだよね

あっさり見つかった
8の8か所。

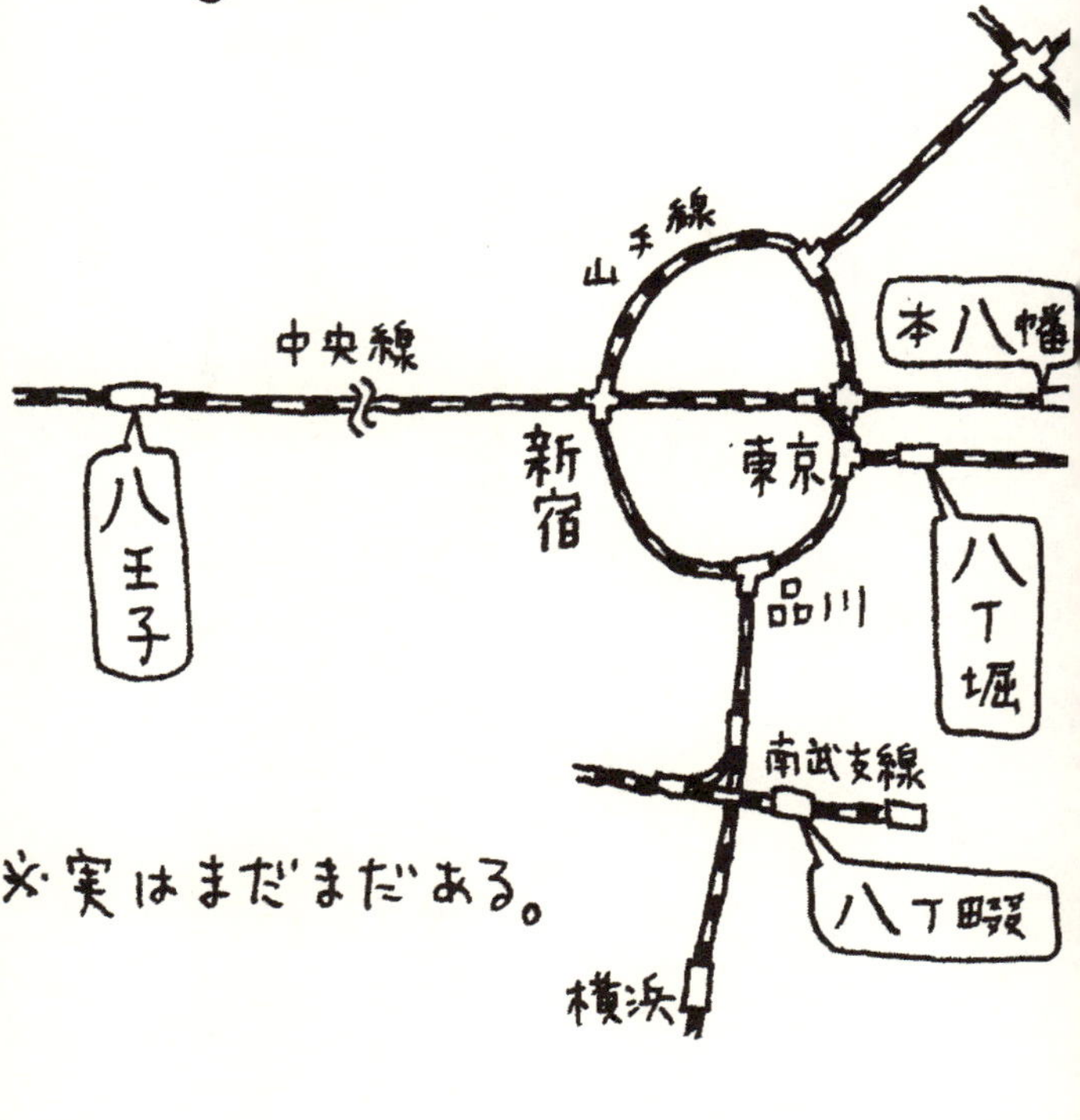

※実はまだまだある。

鬱とした受験の夏休みに突如降ってわいたアイデアです。

いや、これを今のお仕事の企画でやるのならまだ分かりますよ。しかし、田舎のひとりの高校生の、何のカネにもならん思いつきですからね。当たり前だけど全部自費だし、別にどこに発表するわけでもなし（まさかこうして14年後に文章として発表するなんて思ってないし）。何の自慢にもならないし。バカなんだよ。

で、これを実施するにあたって私は、とりあえず**八王子・西八王子**で2つと数えるのは反則、と思った。ちゃんと、違う地名で八か所がいい、と思ったのだ。何に対する反則なんだか意味が分からんが、盛り上がってるからしょうがない。

あと、行ったらもちろん証拠を持ってこなきゃいけないので、切符を買ってくる。となると、切符のデザインはそろってたほうが美しいから、JRだけがいい。

そして私は、こんなくだらないこと（それも受験シーズン）に誰かをつきあわせるのも申しわけないので、平成8年8月8日、実に朝6時半くらいの電車でひとり、実家の最寄駅を出たんです。

まず向かったのはJR京葉線、**八丁堀**駅です。

なぜこんなにも早い時間なのか？

それはもちろん、切符に印字される時間を「08：08」にするためですよ（鼻息を荒らげ唾を飛ばしながら）！

8時ちょっと前、八丁堀駅に着きました。八丁堀は東京都心。高校生の私は夏休みだけど、当然社会人は勤務の日なのでスーツの大人でごった返している。幸いほとんどの人が定期券で通るので、切符の券売機はすいている。腕時計を見ると08：01。まず私はいちばん安い切符（小人用の、当時60円くらいだと思う）を買った。

まだ08：08じゃないのに、なぜか？

自分の時計と券売機の時計のズレを確かめるためですよ（目を充血させ激しく腕をふりながら）!!

慎重すぎてキモい。このキャラクターからはもう、小太りでウエストポーチとリュックサック完備の、典型的オタクビジュアルしか思い浮かびませんね。

時計は3分くらいズレてた。ああやっぱり確かめてよかった。さああとは、タイミングを計り08：08になるときに切符を買うのみです。

そのとき、ふと上の料金表に目をとめた私を、現在の私からほめてやりたい。

漫然と「180円」（安いし、一応8が入ってる）の切符を買おうと思っていたが、「800円」の切符があるではないですか！　こっちのほうが絶対いい！　んもう、

こんなビジュアルでは
なかったですよ、一応

8だらけです。わくわくです。手が震える。

後ろをリーマンがスイスイ通りぬける中、ひとり券売機の前で何もせずうろうろする不審な高校生。そして時は来た。緊張の一瞬。400円を入れ（貧乏だから800円はきつかった。小人用を400円で買っても切符には800円って出ます）、ボタンを押します。

08：08！　オッケー！

しかも、奇蹟が！

切符に必ず印刷される通し番号みたいな謎の4ケタの数字の、下2桁が88‼　なんたる偶然！

八丁堀駅で狂喜乱舞したい気分だったけど、周りは会社に向かうスーツの人だらけ、私はたったひとりですので、無言でニヤニヤしながら切符をしまいます。で、ふと料金表をもう一度見てみると。

「880円」があった。

しまったあ!!

このときの悔しさといったらもう、八丁堀駅で七転八倒したい気分だった。
でも、この下2桁の奇蹟は私を十分に満足させました。そそくさと私は次の「八」に向かう。08：08を気にするのはここだけ。あとはふつうに旅行気分で、着いた先で切符を買うだけです。

八丁堀の興奮をひきずりながら、私はJR総武本線の八街駅に向かいました。

八街では特に時間を意識せずに安い切符を買いました。今回の旅は、切符を買う以外ほとんどやることがない。次の電車まであまり時間もないし、八街駅のロータリーをぶらぶらして時間をつぶしていました。

そのときに、ふと、足元に落ちているカードみたいなものに目がとまった。人もパラパラとしかいない殺風景なロータリーの一角である。それをなんとなく拾い上げた。
そしたら、それは八丁堀の奇蹟を軽く上回るとんでもない一品だった。

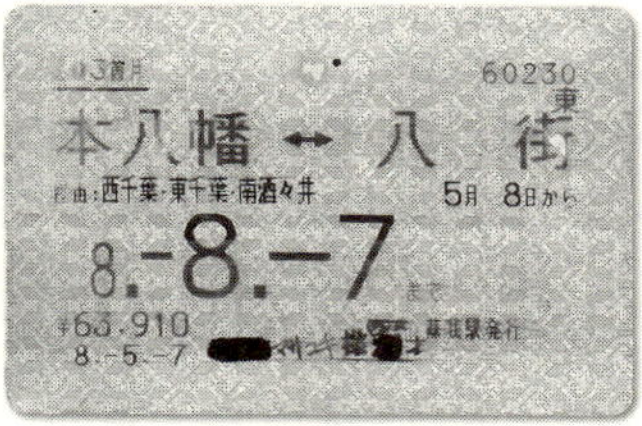

八街駅から**本八幡**駅までの、8年8月7日までの定期券。「八」から「八」までの定期券！　7日まで、というのが実に惜しいけど、でもこの日は8月8日だから、8日までの定期だったらここに捨てられることはなかったでしょう。昨日切れて捨てたんですもんね。これは考えうる限りもっともオール8に近い状態です。

下2桁の偶然に続いてこんなものを見つけるなんて！　八街のロータリーにいたからといって必ずこれを見つけたとは限らないし、仮に目にとまったとしてもただのゴミなんだから拾わない可能性のほうが高い。なーんとなく拾ったのも全くの偶然なんだからちょっと怖いくらいです。

あまりのことに、もちろん持って帰りました。定期を捨てたマサユキさん、ありがとうございます（さすがに定期券の名前が「八田八郎」というような奇蹟はなかったです。八は入っていないお名前でした）。

その後も順調に残りの6駅を回り、私は無事に八を八個集めることができました。すばらしい充実感でした。ほんっとに、ただの充実感オンリー、自己満足200%だったんですけど。八が八個で、だから何？　って言われたらもう悲しく笑ってビルから飛び降りる感じですけど。

切符は、**八丁畷**だけちょっと台紙のデザインが違う。統一できなかったのでちょっと悔しいけれど、ここもJRです。八丁畷駅は管轄が京急だからとかそのへんの事情で台紙が違うんだそうです。

そして、これには後日（というか後年）談があるのである。

というか、ごく最近、この企画の後日（年）談になるイベントが行われたのである!!　888の日から実に13年半、いったい何をやらかしたのか！　つづく!!

14年たったけど、とても捨てられません

column 2 テツかわいい鹿島鉄道の思い出

実家からわりと近いところにあった「鹿島鉄道」が私は大好きだったのですが、沿線に街らしい街がほとんどない路線なので、案の定2007年に廃線になってしまいました。思い出深いので、なくなる数日前に友達と乗ってきました。鉄道マニアでごった返すというより、なごりおしい地元の人でごった返すかんじで、平和でした。

まんまる文字の看板。

あの路線の「八木蒔《やきまき》」という駅をこんなに好きなのはたぶん日本でも私たちくらいのものでしょう。

初めて行ったときは深いやぶの途中で突然停まるから事故か何かかと思ったら、そこが駅だったんです。気づかないくらい小さくてボロボロで、友達とのあいだでは通称「やぶ駅」と呼んでいました。看板の文字もまんまるで、とてもかわいかった。

沿線に住む高校の同級生は、「朝、走って駅にかけこんだらちょうど発車してしまったところだった。あー遅刻か、と思ったらバックして戻ってくれた」という信じられないような経験を持ってました。なんてのどかなんだ!

でも、あののどかさももうないんだなあ。

前も後ろもやぶなんです。
民家はちょっと離れてる。

千葉
JR京葉線

平成22年2月22日の死闘

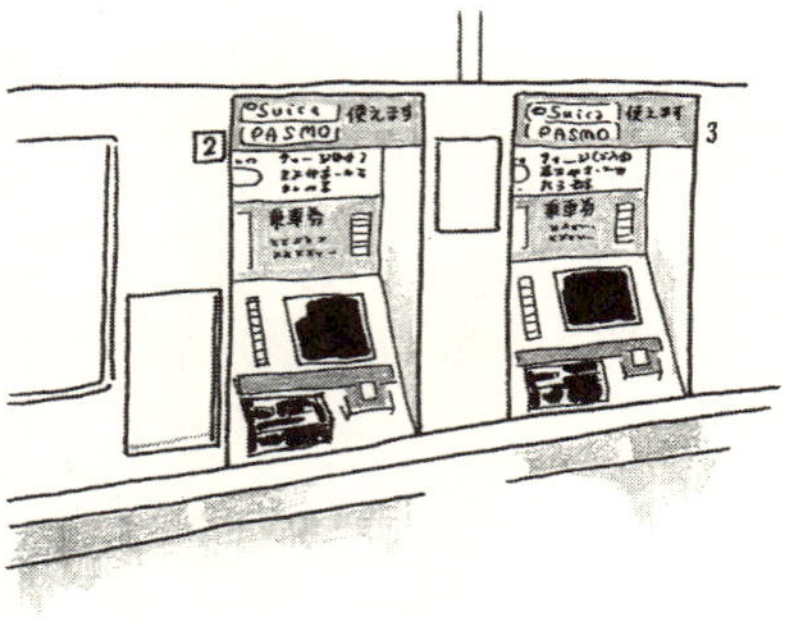

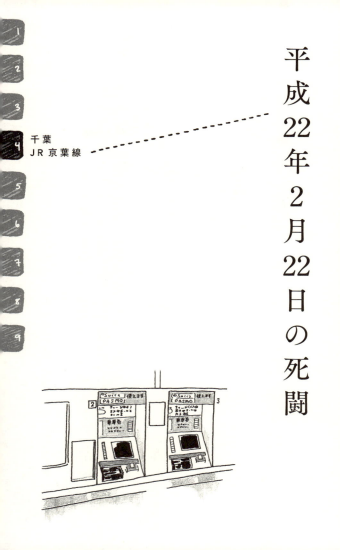

前回書いた8まみれ企画に味をしめた私は、翌年も9だらけ企画をやろうかなーなんて思いつつ、9年9月9日にはほかの予定が入り断念していた。

10年10月10日には、JR埼京線の十条駅に10：10に行ったのですが、なんと同じことを考えるキモい人たち（私もですよ☆）が数人いた。衝撃的だった。人が多くて行列になり、10：10には間に合わず、くやしかったので10：20のものを買ってしまった。

11年11月11日は11というよりも1だらけなので、東北にいる友達のところに寄りがてらJR東北本線の一ノ関駅まで行ったというのに、またも同じことを考えるキモい人たち（十条よりも増えていた）がいて、私は買うタイミングを焦ってしまい、なんと早まって11：10を買ってしまった（しかも奮発して1110円の切符……の、小人用。550円）。悔しかったけどもう一度出費するのもさすがにバカバカしかったので、11：11の入場券だけを買った。

12年12月12日には、JR鹿島線の十二橋《じゅうにきょう》駅に行ったのですが、ここは無人駅で、ボタンを押したらペラペラの整理券みたいなのが出てくる機械が置いてある。なので12：12ころに押しまくり、ふつうにゲットできました。でも、お金を払う切符ではないので充実感はいまいち。それに、田んぼのど真ん中にある高架駅ということで風がごうごう吹きぬけ、猛烈に寒かった。全体的に残念な思い出である。

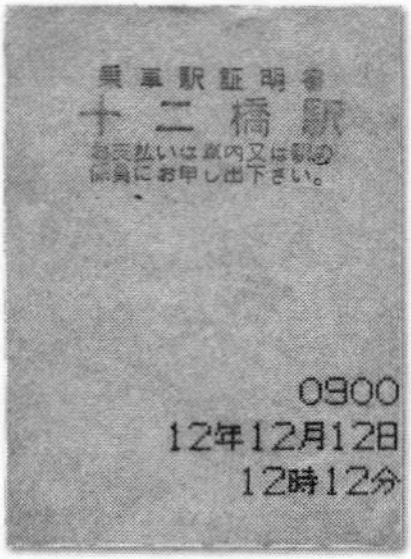

以上、すべてひとりで行動しています。だって誰か誘うのはずかしいんだもん。バカすぎて。

そして平成13年からは、やってません。13月がないんだもん。13年1月3日っていうのはなんかイマイチだと思うのだ。

ところで、当時の私もどこか冷静で、12企画のころ（当時21歳）にはすでに、こう思っていた。次にこれをやるとしたら10年後の22年2月22日まで待たなきゃいけないけど、そのころ私は実に30歳。30歳のいい大人がこんなバカバカしいことするわきゃないだろな、と。

しかしですよ。

30歳、このタイミングで『うっかり鉄道』である。

行かざるをえないわけだよ!!

なったとなったらそりゃ本気で行くよ。一度引退したオリンピック選手が再参戦という気分です。往時のあの情熱を再び、です。

そんなわけで、22年2月22日の22：22に、2のつく駅に編集のイノキンさんと一緒に行くことになったんだが、2のつく駅って意外とそんなにない。

まず、切符に時刻が印字されない可能性があるし、前の切符とのデザインの統一も考えると私鉄は全部却下。JRオンリーで考えたい。そして、さすがに泊まりにはしたくないので、22時に切符を買って東京に帰ってこれる場所。ということで、東海道線の**二宮**（神奈川県）と、京葉線の**二俣新町**《ふたまたしんまち》（千葉県）が思いつきました。

二宮は主要な路線の駅だから、なんとなく人気が高そうな気がする。ここは二俣新町狙いだろう、と決まった（あとできちんと調べたら青梅線に二俣尾《ふたまたお》という所があり、かなり後悔した）。

しかし22年2月22日当日、意外にもゾロ目の日だということはヤフーのトピックにも上がるくらい話題になっていました。大きな駅ではゾロ目の記念切符なども発売されて、完売になったなんてニュースが出ていました。

でも、2のつく駅で云々という話題は意外と出ていない。なんなんだ。ただゾロ目のついた東京駅の記念切符買って満足な人もいるんか。それはよく分かんないマニアですね（自分のことは棚に上げ）。

さて当日、私は仕事もそこそこに、二俣新町に向かいました。二俣新町とは京葉線のなかでもとても地味な駅で、利用者数も少ないと思われます。周りは工業地帯で、人家もかなり少ない。ふつうだったら22時にほとんど人はいない、はず。

しかし私には、平成10年や11年の痛い体験がある。同じことを考える人がどれほどいるだろうか。あまりに人が多くて券売機が少ない場合、これは戦いになる。緊張は走る。

21：45ころ、ちょっと早く二俣新町に着いてしまいました。

家に帰るサラリーマンたちとともに改札を出ると、ベンチが5つばかりあって、すぐに外に出られるつくりの簡素な駅です。駅前にはコンビニがひとつあるだけ。

しかし、いた。いたよ。

私の鋭い勘で、いや鋭くなくても大体分かるけど、ベンチに、いかにも手持ちぶさたで座っている30歳くらいの垢抜けない男性ひとり。そして券売機前でなんとなく立っている中年男性ひとり。

確実に敵さんは2人。券売機はなんと2台しかない。いますでに敵が2人。どうなる。

とりあえず、自分の携帯の時計と券売機の時計のズレを、安い切符を買って確かめます（ここが14年選手の実績である）。

ともあれ確かめた結果は、携帯の時計とズレがなかった。これは楽です、が、本当殺風景なコンコースがさらに殺伐と…

はズレていてほしかったんだ。券売機の時間のほうが早ければ、人を出し抜いて逆に狙いやすいから……。

それにしてもこの駅は手持ちぶさただね。ほんとにコンビニしかないんだもん。

いっしょに待っている男性2人はいかにも鉄ちゃんという感じで話しかけづらいし、ん、あれ？　4人に増えてるよ。なんか、いつのまにか待ってる人が4人になった。どうやらもっと先に来ていて、近くをぶらぶらして戻ってきた人がいる様子。

その後、電車が来るたびに、人が少しずつ増える。

そして22：22の10分くらい前。イノキンさんが到着。

「え？　これ、みんな……そうですかね」

「そうだと思いますよ……」

そのころすでに10人あまりの人が、全員、無言でなんとなく立っている状態になっていました。

異様な光景です。誰かと連れ立って来ている人なんて誰もいない。釣りに来るような格好か、起きてすぐコンビニに行くような格好のもっさりした男性だけが、10人ほど券売機の近くになんとなく立っていて、全員無言。しゃべってんのは私たちだけ。なんか雰囲気が怖いから、小声でこそこそしゃべる。

我らどう動くべきか、22:21の恐怖

なんなんだこの殺伐ぶりは。だって、お互いもう狙いは分かってるわけでしょ？　鉄ちゃん同士で親交とか、ないのかね。ま、私たちも話しかけづらいもんなあ。そんなもんか。

結果、私たちを含めて実に13人！　13人が、2台の券売機で切符を狙う形になった。非常に厳しい戦いだ。22：22を狙うわけだから、純粋に早い者勝ちというわけではない。そこが難しい。

時は近づく。22：21。じりじりと券売機方面に近づくもっさりした男性群。なんなんだこの光景は。不条理すぎてもはやスリラーだ。

私は、人のあまりの多さに焦って、冷静さを失っていました。これはかつての十条や一ノ関のときよりも多い。比較的体積の大きな男性陣が、券売機に少しずつにじり寄っていく様子に恐怖を抱いてしまった。

私の携帯の時計表示は秒まで出る。

22：21：58、もう、いいだろ。

私はしびれを切らしてしまった。ちょっと券売機の前でもたついてみればイケると

22:22直前、ほとんど人のいない駅に
突如 行列が発生!!(無音で)
何コレこわい 早く しなきゃ…
素足にサンダル。2月なのに…
22:22に行列が ピタリと完成
なんだあれは…

思った。

牛歩をつづける男性陣の間を縫って2番券売機前（券売機には番号があり、二俣新町はなぜか1番が欠番、2と3があったので当然2を狙った。2番券売機で買った切符には小さく102という数字が出るので、2狙いとしてはちょっとお得感）にイノキンさんと2人ですっと出る。

そして少しもたつき気味にお金を出そうとしたものの、この一瞬で、すでに私たちの後ろにはすでに男性の列が形成された！　3番券売機にもあっという間に列ができた。

なにこれ！　スピードスケートの駆け引きみたい!!

無言のプレッシャーがかかる。わ、なんか、こわい、まずい、早く買わなきゃ、えーと、210円がいい、2がつくから、うん。

あれ、タッチパネルの感度がにぶい！　なかなか感知してくれない！　どうしよう、ぐいぐい押してみる。ピ。あ、いったか。おっけ。

私が券売機前に立ってからここまで、わずか6～7秒と思われる。私の携帯の時計で、22：22：05くらい。

そのとき、右の3番券売機で私よりわずかに早く切符を買った中年男性の声が聞こえた！

「はっ……早かった！」

次の瞬間わたしのほうも切符が出てきた。

ピピー。ピピー。ピピー。

うわー!!

携帯の時計は秒単位では一致していなかったんだー!!

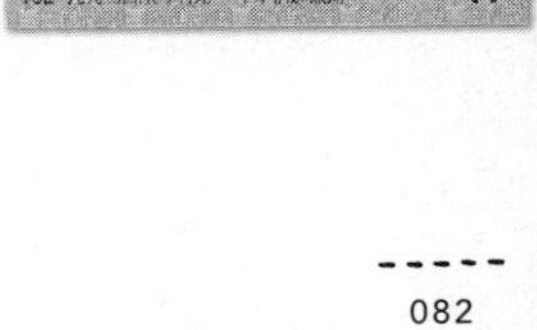

しかし切符をすでに買ってしまった以上、列を離れなきゃいけないととっさに思ってしまい、私とイノキンさんは虚脱感に襲われながら列を外れる。

今思えば、別にルールなんてないんだからもう1回買えばよかったんですよね。でも、後ろの無言のプレッシャー（文字どおり無言なんだもん）が怖すぎて、つい……。フェアプレーをつらぬいてしまったんだ。一度買った時点で負けのような気がしたんだ。

あと、もっと冷静に策略を練るなら、私と時間差をつけてイノキンさんが並べばよかったんです。それだったらほぼ確実にイケたはずだった。ボサッと隣につかせちゃ

ってさあ。完全な戦略ミスと言ってよかろう。

　それにしても、券売機前になーんとなく突っ立っていたもっさりした男たち（ごくわずかに女子）が、ある瞬間にいきなり示し合わせたように券売機に並びだして次々無言で切符を買っていく様子は、まるっきり事態を知らない人が見たら完全にホラー映画の光景だったでしょうね。誰かもうひとり用意して、動画を撮っておけばよかったです。

　しばし呆然としていた私たちは、はっと気を取り直し、まだいけるかもしれないと最後尾に並んでみた。前に並ぶ男たちはどんどん切符を手にして去っていく。私たちはラスト。

　3番券売機でやっと買った次の切符は……

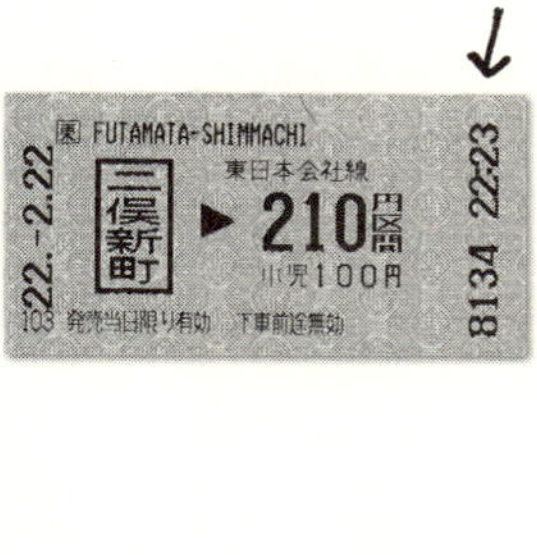

ああ……

ということで、10年ぶり（そして次は平成33年だからふつうに考えたら11年はチャンスがない）に記念すべき大会に出場した私たちは、歴史的な大敗を喫した。

むなしい気持ちで、改札前でなぐさめあう私たちだけれども、はっと気づいた。共に闘った戦士たちがひとりもいない。まだ22：24くらいなのに、もう誰もいない。ついさっき賑わっていた（いや、無言だから賑わってはいないけど）この場所にマジで人っ子ひとりいない。風のようにみんな去った。

22：22さえ手に入れたらもうこんなところに用はないんだ。すごい。なんたるクールさ。ストイックさ。勝てるわけがないよ、そんな猛者《もさ》たちに……。

決戦の舞台となった二俣新町駅。
閑散とした駅である。

特徴的な所にあるんだよ

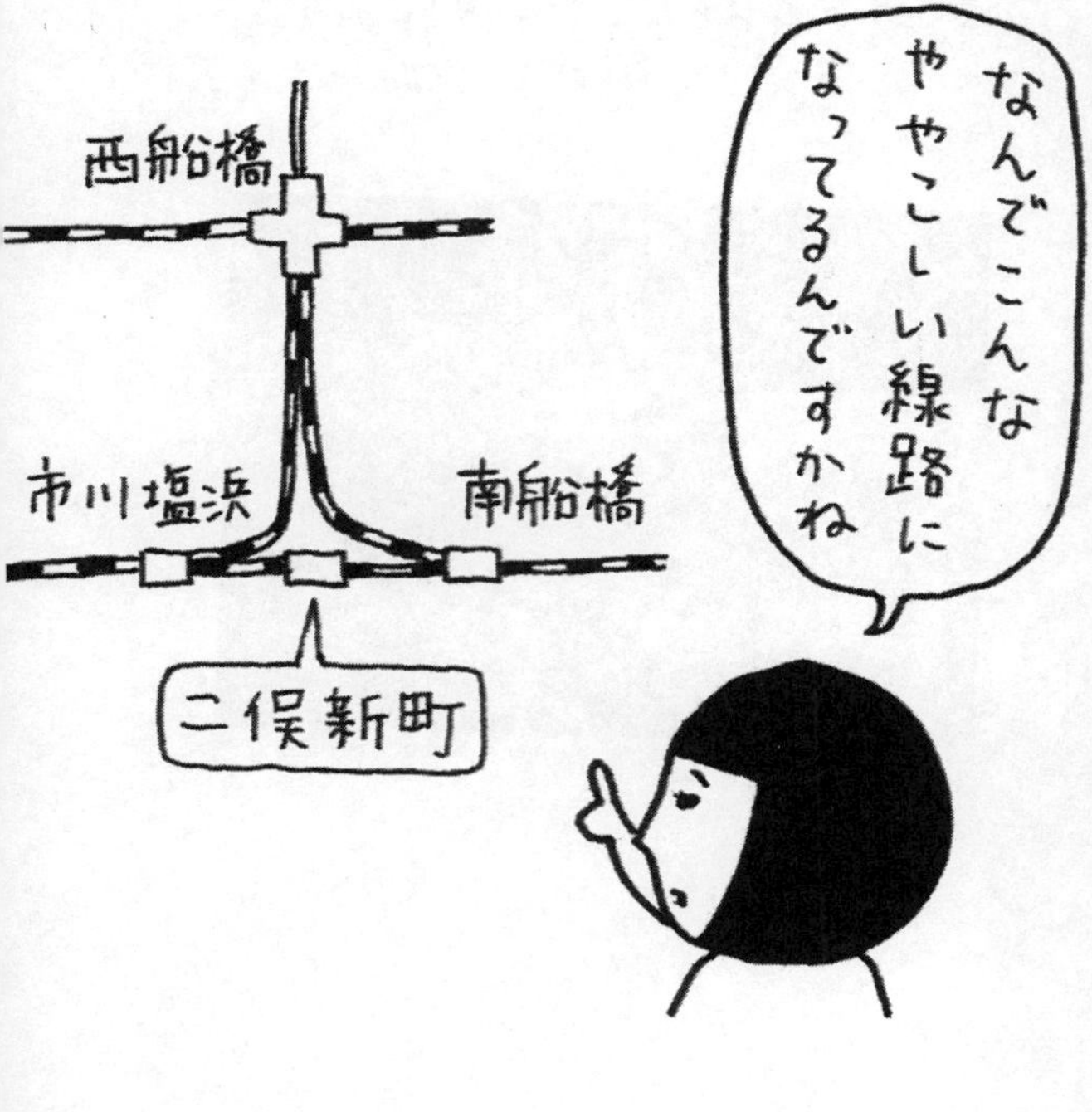

二俣新町の場所。

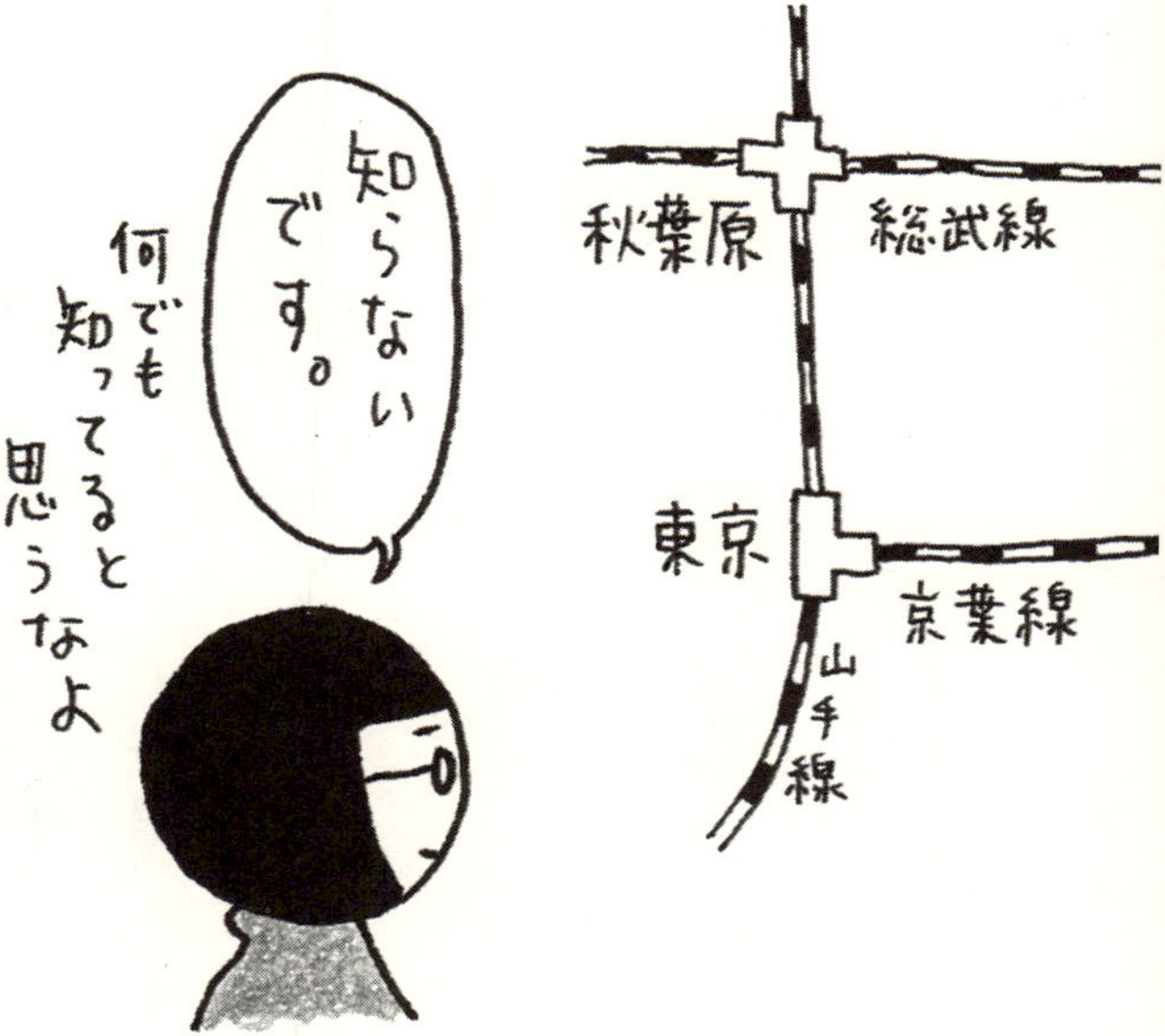

イノキンは見た!!

能町さんは、
22：22の40分以上前に
二俣新町に着いてましたよ。
ほとんどの鉄ちゃんより
早かったです！　さすがです！
あと、平成33年3月3日は、
三河三谷駅が一番人気のはず。
私たちのような負け戦を
楽しみたい人にはおすすめです。

※追記 まさかこんな形で平成33年がおとずれないとは…（平成30年の能町談）

あぶない！江ノ電

「(関東の)近場でどこかいいところないですか?」
とイノキンさんが言う。

それだったら、まず思いつくのは江ノ電ですかね。関東では行楽地としてかなり有名だからベタすぎるかなと思ったんですが、イノキンさんはまだ乗ったことがないというので、ちょうどいい。

鎌倉から藤沢まで、湘南海岸沿いに走る江ノ島電鉄、通称「江ノ電」。鎌倉の寺社、長谷の大仏、江ノ島など、観光地ゆえに沿線はもちろん見どころたっぷり。

しかし私はただ単にオシャレ鎌倉スポットだけをめぐってほっこり&おさんぽレポートとか書かないんだからね。そんなのは数え切れないほど出てるよ。

今回のテーマは「あぶない! 江ノ電」です。

私は江ノ電のどこが好きかって、危なさです。乗ったことない人は信じられないと思うけど、江ノ電沿いにはぎゅうぎゅうに家が建っていて、玄関が線路を向いている家がふつうにたくさんあるんです。

とりあえず線路上に出ないと外出できないという構造。だから、行ってきまーす!

って元気に玄関を出て、注意せずに勢いよく駆け出たら電車にはねられちゃうかもしれません。車にバーンならまだ分かりますが、玄関出てすぐ電車です。家の門の目の前を電車がのっそり横切るんだよ。踏切もない。

なんて前衛的な風景。

で、私は「こんな危ないのはけしからん、どうにかしたまえ！　くらえ、バリアフリー!!（必殺技）」とか言いたいわけじゃないです。

むしろバリアフリーの呪文をこらえ、どうにかこのままでいてほしいな。あの風景を見ると、その不条理さにわくわくするのです。

バリアフリー教を破るために私たちはどうしたらいいんだろう。もちろんバリアフリーはいいことだと思うけれども、あらゆる場所を過剰にバリアフリー化するのを防ぐための便利な対抗策ってないのかなあ。「人に優しくないからけしからん」と言われると私たちは黙るしかなくなる。難しいところです。「味があるからそのままがいい」じゃ説得力がないんですよね。でも今はそれしか思いつかないんだ。

ともかく、イノキンさんと私は、江ノ電の危なさに心ときめかす旅に出た。江ノ電一日乗り降りし放題の切符「のりおりくん」を使うんだ。

でもね、まずはオシャレカフェに行きます。

あーあ、冒頭でほっこりしないぞって言ったのにすぐこれだよ。すでに前言撤回。だってね、私だって、実はオシャレカフェがすごく好きです。これはうそじゃないからしょうがないんだよ。毎回地元のカフェには行っておきたい。

大仏で有名な長谷《はせ》駅の、南側に歩いて1分程のところに古民家を改造した「かうひいや3番地」（2012年、吉祥寺に移転。2017年、松本に移転）がある。

庭が見える。おじさまがひとりでゆっくりこうひいを淹れている。古いミシンのようなテーブルが並んでいて、南向きの窓から日が差す。ジャズを流しているアンプはもしかして真空管アンプってやつではないかしら。スピーカーも、持ちあげるのがたいへんそうな大きさの、木目のついたかわいい年代物です。

外に猫がいるけど、のら猫だから中には入れないで、だってさ。しばらく、お客は私たちだけ。おいしいシナモントーストを食べながら、しばらくのんびりしてしまう私たち。

取材中にカフェに来るといつもこうしてのんびりしてしまう……。

見た目には
ごくふつうのおうち。
よく分からないが、すごくかわいい
電車はもういいからずっとここにいたい…
たぶんスピーカー
テーブルは
← 古いミシン?

いや、そこで英気を養ったら、私たちは線路沿いの旅に出るのです。危ないスポットをひたすら目指したいのです！

まずは長谷駅。鎌倉大仏の最寄駅だけど、ロクに大仏も見ずに人ん家《ち》を見る。駅の西側、大きなお屋敷《やしき》が平然と正面玄関を線路側に向けて並んでいます。いったいどういう経緯でここに家を建てることになったのか。

家は線路以外の面が道に面していないので、踏切もない線路をまたがないと公道に出られません。あら、けっこう気取ったフレンチレストランまでありますよ。ここももちろん線路を徒歩でまたがないと入れない。特殊な空間だなあ。「注意！　線路進入禁止！」っていう看板が立っているけど、どうしたところでこれはウソですもん。この家の人たちは進入しなきゃ家に帰れないもん。

さらに山側に進むと、駐車場の線路側のフェンスについた小扉を開けて線路に下り、そこを横断しないと入れないという位置に家がある（イラスト参照）。

「これは……危険度ではトップじゃないですか!!」

2人ともエキサイトであります。

線路を渡らないと到達できないことを条件にして、

両脇が家、玄関は線路側にしかなくて
渡った先には駐車場のフェンスの間の小扉。
危険度★11!!

①線路の渡り方の危険度（見通し、渡る距離など）
②渡るところの踏切としての整備状況の悪さ（歩きやすくなっているか、全く整備がないか）
③家の立派さ（到達しにくい場所に大きな家を建てたことを評価）

このあたりを基準に点数をつけたくなります。
ここのお家は、危険度☆4、整備悪さ☆4、立派さ☆3。総合11点。

それにしてもこのお宅、入るのはともかく、建てるときは一体どうしたんだろうか。見た感じはわりと新しくて、せいぜい築20年くらいに見える。両脇の家はそれより昔からあるふうだし、いちいち工事の人が危険をかえりみず線路を渡りながら家を作ったんだろうか。涙ぐましいお話じゃないですか。

そこから鎌倉方面へ移動し、和田塚駅へ。
和田塚とか由比ヶ浜《ゆいがはま》のあたりも危険ゾーンがかなり多い。和田塚のすぐそばにある

続々と来る中学生!! 空気がゆるいぞ
アハハハ
いいんですかね
いいんじゃない

甘味処も玄関が線路に面していて、通りにある看板にも「駅西側から出て線路を渡ってください」というように書いてあります。でもその場所に踏切はない。

危険度☆3、整備悪さ☆3、立派さ☆4。総合10点。

なかなかいい風景なので写真を撮っていたら、なんと線路の上を、向こうのほうから中学生集団が歩いて来たよ！

これはいわゆるスタンドバイミー状態である。日本でスタンドバイミーをやるときは罪悪感や危なさから緊張感が漂いそうなもんだが、ここのスタンドバイミーはまるっきり緊張感がありません。女子も男子も平然とだらだら線路を歩いているよ。タイとかインドとかの雰囲気さえ感じる。

このへんの道路は入り組んでいるから、線路を歩いたほうが家に着くのが早いんでしょうね。でもここ、10分おきくらいには電車が来るんだよ。おそらく学校からは禁止されているんだろうが、目くじら立ててどうのこうの言うのは粋ではない。

さて、和田塚から由比ヶ浜まで歩きます。

由比ヶ浜のホーム（ひとつしかない）の真向かいにも家があって、ここにも到達す

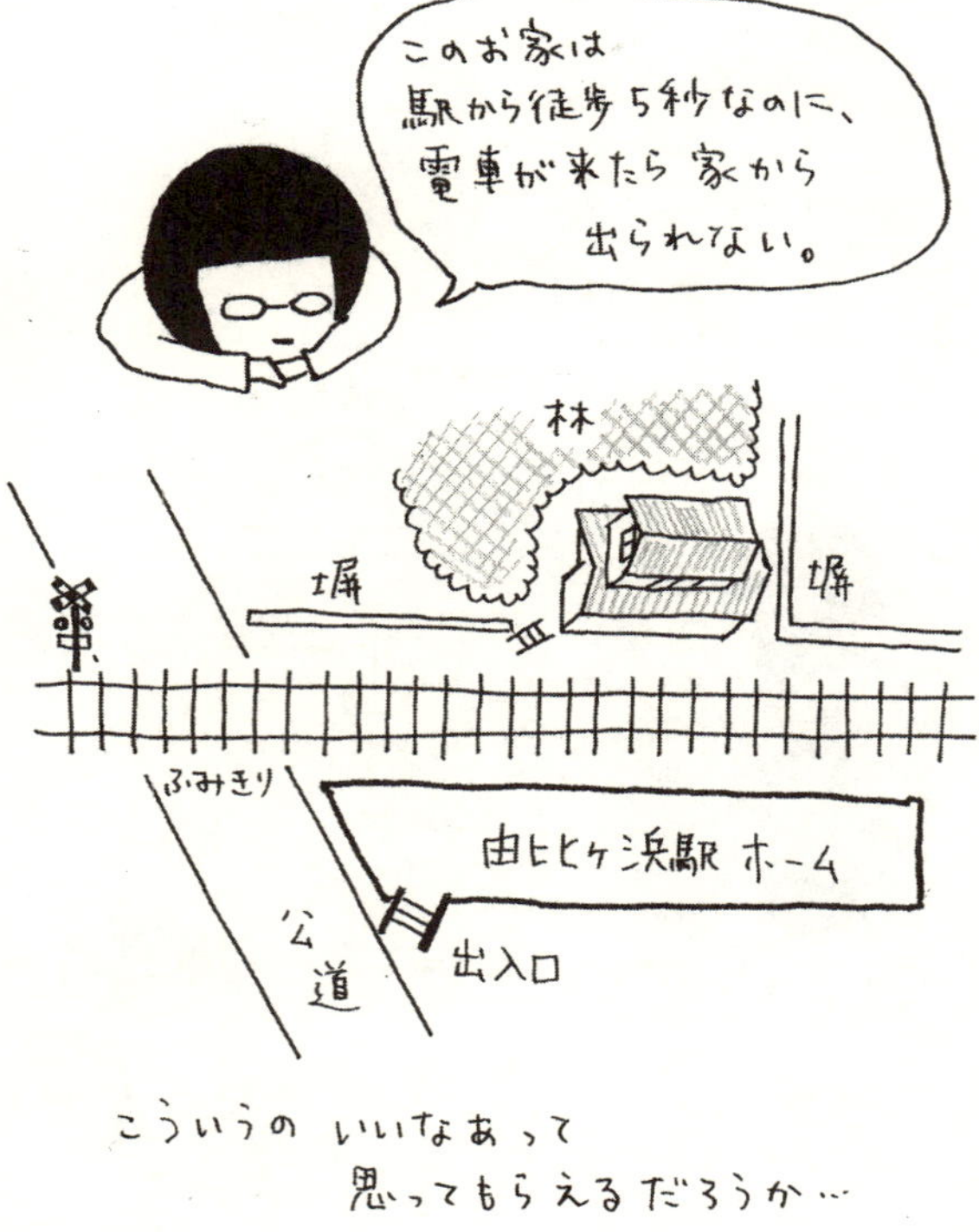
このお家は
駅から徒歩5秒なのに、
電車が来たら 家から
出られない。
林
塀
塀
ふみきり
由比ヶ浜駅 ホーム
公道
出入口
こういうの いいなあって
思ってもらえるだろうか…

極楽寺のあたりは豪邸も多い。
線路渡らないと行けないけど。
←正面玄関
ちょっとだけ砂利を盛って歩きやすくしてある。
ここだけフェンスとぎれてる
このへんに住みたい住みたいと、うらやみながらの散歩です。
渡りたいけど渡れない

る道がない。

危険度☆4、整備悪さ☆4、立派さ☆2。総合10点。

そこから江ノ電に乗って今度は稲村ヶ崎に行き、極楽寺まで歩いて戻ります。

このへんもいいんですよね。道と線路のあいだに柵がないところがあります。雰囲気はのどか、しかし危険。

途中、線路の反対側に家があり、その家の背は山になっていて、各家々のためにひとつひとつ個人用踏切のあるゾーンが登場。ここは壮観です。けっこうなお屋敷が並んでるけど、みんな個人用踏切を歩いて渡らないと家に帰れないつくりです。

いったいどういう経緯でここに家を建てることになったんだ。家が先にあって、あとから線路を敷いちゃったなら分からないでもないんですが、江ノ電ってものすごく歴史があって、明治期にはもうできてたんですよね。その前から土地を持っていたのだろうか。それとも、あえて到達しにくい場所に豪邸を建てたんだろうか。

このへんの家々、全体的に、危険度☆2、整備悪さ☆2、立派さ☆5。総合9点。

こんな絶景を見ていると、個人用踏切を渡ってみたくてしょうがなくなる。でも、ここを渡るということはただ人の家の敷地に不法侵入するということなので、それも

玄関先でタバコを吸ってるだけなのに
なんかすごい危険っていう不条理!!
ここが駅。電車がもう来るよ!!
えーこの家はー…と…
←調査員のふり

できない。

極楽寺から、海を眺めて腰越《こしごえ》へ。ここも危険でわくわくしてきます。

腰越近辺は、家がぎっしり並んだ中に無理やり電車を押し通した感じ。線路が公道であるかのように、線路に面してきれいに玄関が並んでいます。なんでこんなことになったんだ。

いちばん危険なところは、線路を30メートルくらい歩かないと家に帰れない。ここにも「危険！　線路進入禁止」って書いてあるんだけどさ、玄関が線路沿いにあるんだからそんなこと言われても困るよね。

私は役所の調査員のような気分になって、それぞれの家はふだんどこから玄関に到達しているのか？　ということを知りたくなりました。

線路際でノートに書きつけていたら、玄関先（＝線路の上）でタバコを吸っているその家のおじさんと目が合ってしまいました。しかし私はまったくたじろがなかった。ノートに書きつけながら「え〜、この三軒が……」とかぶつぶつ言いながら調査を続けた。私たちはおそらく役所や研究関係の人間のように見えたはずである。怪しくなかったはずである。

腰越から、そこだけ路面電車になっている区域を歩きながら江ノ島駅に帰ります。そのころにはもう暗くなっていました。

そういえば、これって鉄道の企画なのに、電車そのもののことにはほとんど触れてない。駅のことさえ触れてない。触れてるのは周りの家のことだけじゃないか。こんなんでよかったんでしょうか。

「いいですよ！　江ノ電、楽しかったです」

私はたぶんイノキンさんに、いきなりまちがった江ノ電の楽しみ方を教えてしまったと思う。反省しています。形だけ反省してます。

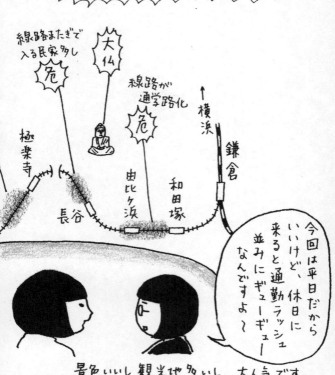

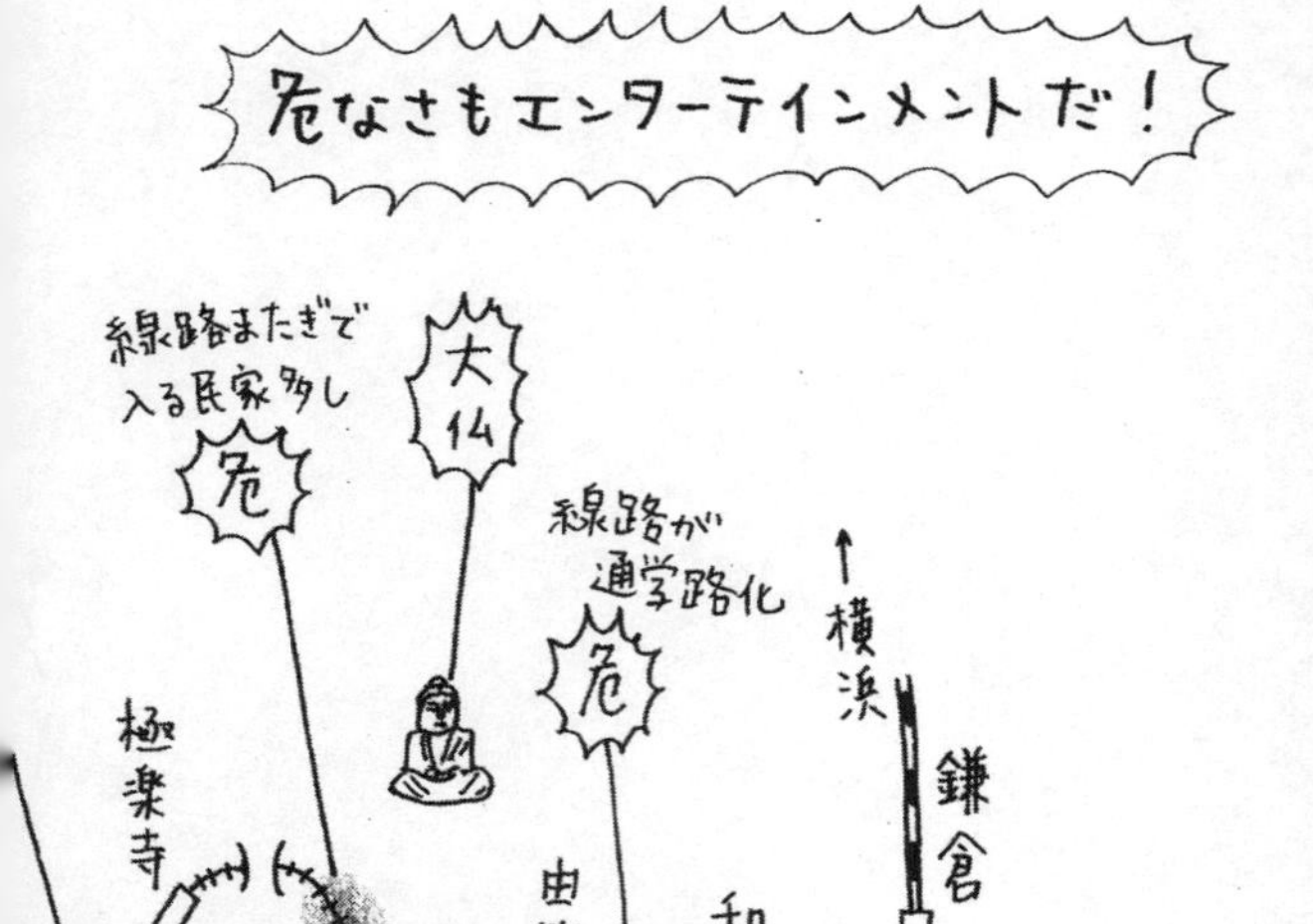

景色いいし観光地多いし。大人気です。

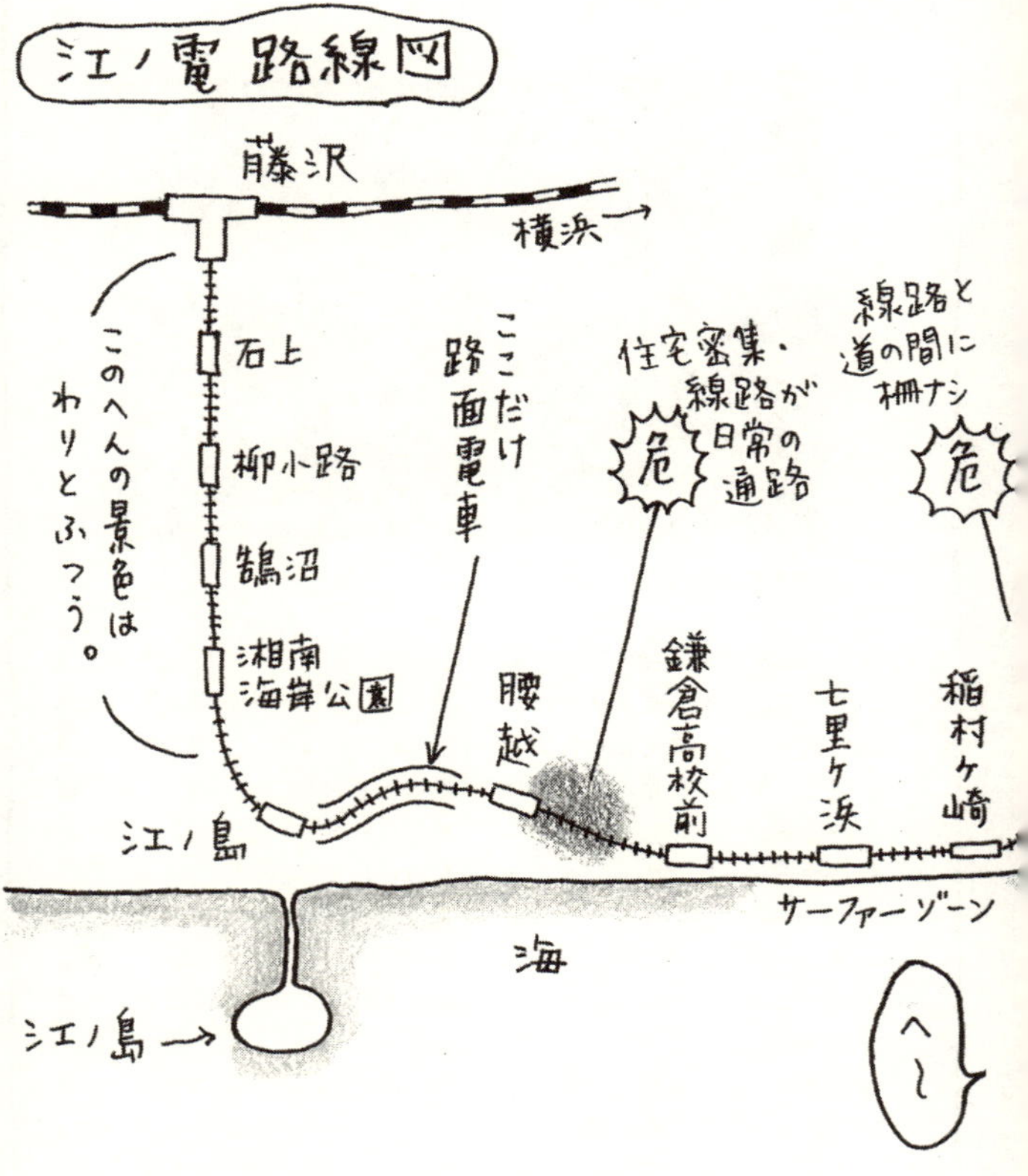

江ノ電 路線図
藤沢
横浜→
石上
柳小路
鵠沼
湘南海岸公園
このへんの景色はわりとふつう。
ここだけ路面電車
住宅密集・線路が日常の通路
危
線路と道の間に柵ナシ
危
江ノ島
腰越
鎌倉高校前
七里ヶ浜
稲村ヶ崎
サーファーゾーン
海
江ノ島→
へ～

column 3

大好き長すぎる木製ベンチ

東武伊勢崎線牛田駅。ここはあんまり長くない。残念ながら今は撤去済。

「ホームの超長い、長すぎる木製ベンチ」と言って、すぐイメージが思い浮かぶ人ってそんなにいないと思う。でも、私はあれがかなり好きです。

駅のホームってたいていベンチが置いてあるけど、私の言う木製ベンチは、置いてあるわけじゃない。作りつけなんです。ホームを作ったときにいっしょに作っちゃった感じで、ホームの背の壁に沿ってずーっと長いのが特徴です。ペンキ塗りしてあって味があるし、なにより座れる人がすごく多くなるし、とてもよいものだと思う。でも、あまり見ない。

私が知っている限りでは、京成千葉線の千葉中央駅、JR青梅線の東中神駅、小田急線の世田谷代田駅にあります（世田谷代田は最近の改装でたぶん撤去)。地方都市に行くともうちょっとありそうな気がします。

世田谷代田在住の人と話したときに「駅に長すぎるベンチあるよね」と言ったら、なんでそんなこと知ってるの、と驚かれつつも、やっぱりその子も長すぎるベンチのローカル感を愛していた。最近、世田谷代田駅は地下化工事をしているので、おそらくあのローカル感は失われてしまうんでしょう。さみしい。もっとホームに長すぎるベンチを!

最南端の最新 モノレール・ツアーズ

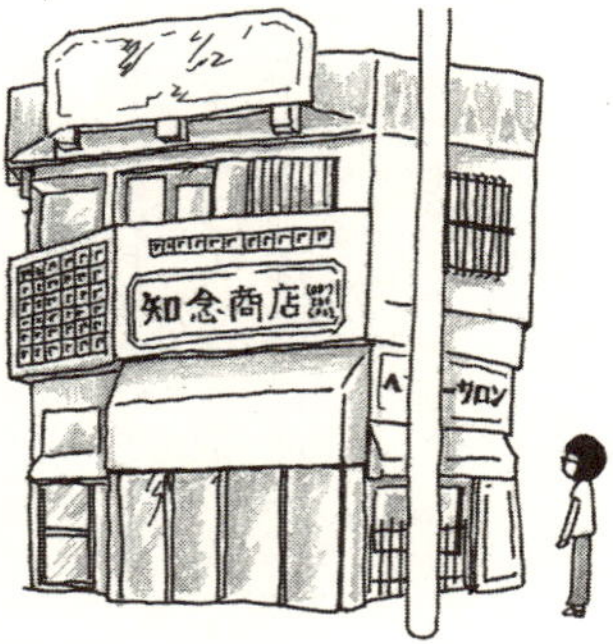

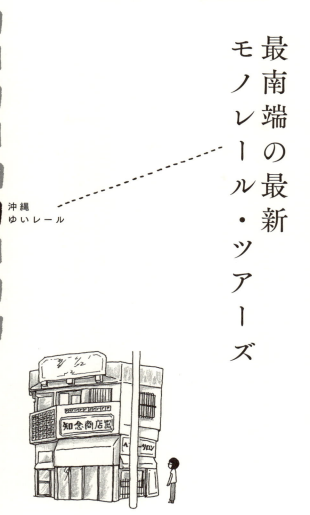

いきなり沖縄です。

「沖縄のモノレールに乗りに行きましょう！」と案を出してきたのはイノキンさんのほう。ノー鉄道地帯だった沖縄に、数年前に『ゆいレール』というモノレールができたんです。それで、せっかくだからその新しいのに乗りに行こうと（モノレールを鉄道に含めるかどうかという問題については「含める」ということで、この際異論は認めない）。

でも、私はそんなに乗り気じゃなかったんだ。だって、新しいんでしょ。私は新しいものにはあんまり興味がないんだよね。年季の入ったものとか、もはや廃墟に近いようなもののほうが好きなんだ。

でも、取材時は3月初旬で、東京はやたら寒い日が続いていた。私はさすがに寒さにうんざりしていた。

「沖縄はあったかいからいいですね〜。行きましょうか〜」

と、いつの間にか私はあんまり鉄道と関係ない点で大賛成していました。

沖縄は車社会と聞くから、モノレールが使われてなさそうな気がするし、スカスカの車内だったらますますリゾート気分かもしれない。

ということで私たちは沖縄に飛んだ。

なんでも那覇はずーっと曇りで気温もわりと低かったそうだけど、私たちがいた期間は見事に晴れていました。

「わたし、晴れ女らしいです」とイノキンさんが告白してきました。なんと心強い味方でしょう。そういえば今までの取材もずっと晴れてる。

温暖な那覇空港に着き、私たちはアイスを食べて南国気分にひたる。さあ、空港からゆいレールが出ています。

ところでイノキンさんは今回ほかの企画の取材もあったため、その関係で、現地在住のMさん（東京からの移住組）がところどころ車を出してくれるとのこと。

「とりあえずMさんがホテルまで送ってくれますよ！」とイノキンさん。え、いきなり迎えに来てくれるんですか。

ゆいレールは空港から出ているのに、いきなりゆいレールをガン無視！　鉄道取材に来たのに、ひどい！

ま、ともあれとりあえず車で送ってもらってホテルに荷物を置いて、Mさんおすすめの首里あたりの食堂でお昼ごはんをいただきます。もちろん全部車移動です。

平屋建てのかわいい食堂でごはんを食べたら、おいしくて、いい気分になって、あぁ。なんだか私たちは早々にうちなータイムを取り込んでしまったね。食堂ですんごいだらだらしてしまった。

「今回は泊まりだし、明日もあるからね〜」

「そうですね〜」

1日目、とりあえず数駅分はゆいレールに乗ってみたものの、これと言って何も残らず。終点の首里駅近くにある黒糖のお店でさーたーあんだぎーを食べ、あとはMさんの車を使ってゆいレールの橋脚ばかり見ながら那覇市街を回りました。日が暮れたらもちろん、泡盛の底へ……。

なんだこれ。ただの旅行？　Ｙｅｓ！　ただの旅行！

2日目。さあ本気出す。

朝10時頃、ホテルから歩ける距離の牧志《まきし》駅に行き、1日フリー乗車券を購入。ゆいレールはフリー乗車券の種類が豊富です。観光客に優しいですね。

さてまずは那覇空港駅まで行きます。

ゆいレールは2両編成しかないちっちゃなつくり。沖縄は車社会だから地元の人は

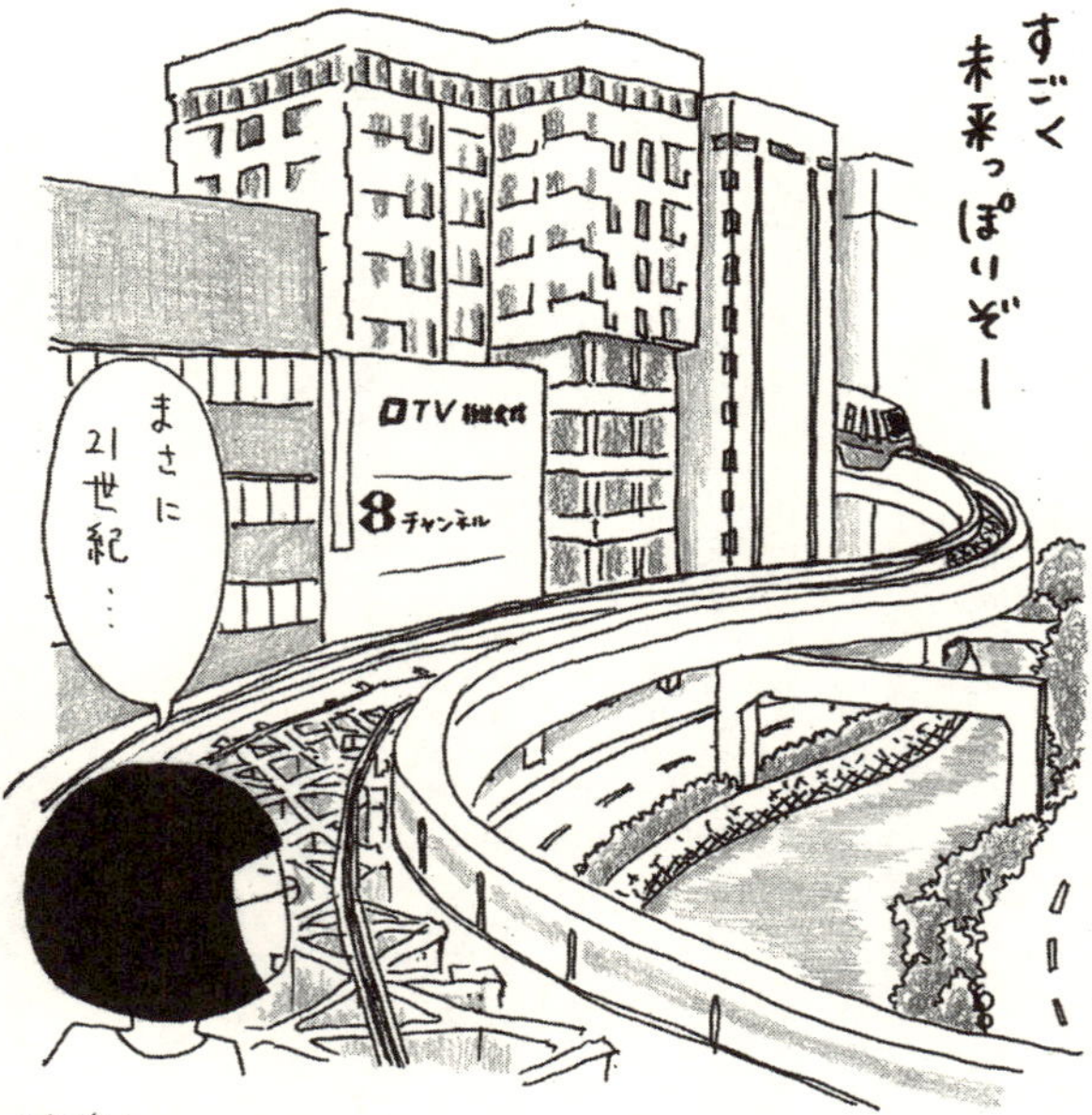
すごく未来っぽいぞー
まさに21世紀…
DTV
8チャンネル

特等席には意外と大人がふつうに座る。
大人も乗るんですね
ね
一段高い

あんまり使わないと聞いていたが、けっこう乗ってますよ。お客も観光客だらけというわけではなく、8割くらいは地元の人のように見えました。立ち客もいるくらい。昼でも10分おきにポンポン来るからけっこう便利で、案外地元に定着してるようなイメージです。3両にしてもいいんじゃないかと思うけど、ホームには2両用のホームドアが作られているので、これ以上増やしようがない。ちょっと融通きかないね。

運転席のすぐ後ろに、一段高くなった席（私たちは「特等席」と呼んだ）が4つ並んでて、その席だけ前を向いています。これは景色がよく見えるね。

モノレールってのは高いところにあるから、まあ見晴らしがいい。沖縄は海だけじゃなく、街並みもすごく絵になるから、景色がよくて気持ちいい。レールがくねくね先のほうへ曲がっていく様子も未来的で、ちょっとおもしろい。沖縄はなぜか、コンクリの建物にペンキで直に文字を書いた建物が多い。○○ビルとか、○○商店とかがペンキで書いてあって、修正するときは白で塗ってまたその上から書くのね。

空港で降りても仕方ないので、すぐ折り返して空港のとなりの赤嶺《あかみね》駅で降りてみました。

降りてみたら、ここは日本最南端の駅だった。わ、知らなかった。

「記念すべき駅に来たじゃないですか！」とイノキンさん。そっか、沖縄に駅ができたから、鹿児島が最南端じゃなくなったのか。偶然降りられてラッキーです。ついでに言えば、さっきの那覇空港駅は日本最西端の駅らしい。それもまったく気づかなかった。

駅の外に出ると、最南端の記念碑もありました。

でも、景色はちょっと造形のステキな団地があるだけで、チェーン店しかない街並みです。駅のロータリーには朝10時過ぎからヤンキーがたむろってます。ヤンキー、活動早いね。

天気もいいからとなりの小禄《おろく》駅まで歩いて、そこから中心部のほうに向かいます。小禄から2つ先の壺川《つぼがわ》駅へ。

壺川駅は、さっき通ったときに少し気になっていました。というのは、車窓から見たとき、壁にあった駅名標が完全にはがれているように見えたからです。ここ、開業10年たってないんだよね？　もうそんなにボロボロになるものなの？

気になったので、壺川駅下車。

うわー。ほんとうに、完全にはがれてる。駅の外壁に貼られたシート状の「壺川駅」がズタボロになっています。

乗車中に見たときは悪質ないたずらかと思ったけど、近くで見てすぐに分かった。

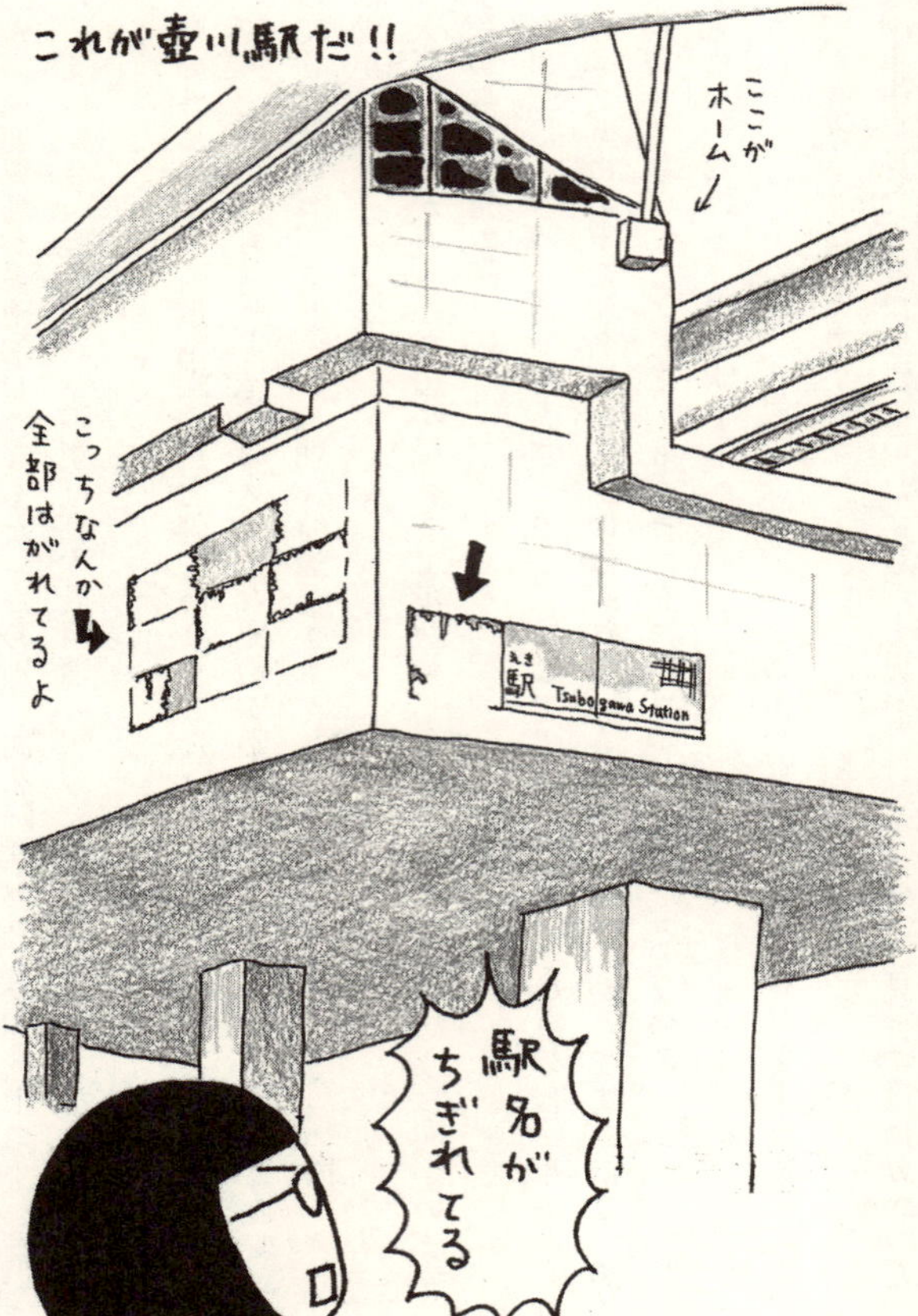
これが壺川駅だ!!
ここがホーム
こっちなんか全部はがれてるよ
駅《えき》
Tsubogawa Station
駅名がちぎれてる

これは単に海風とか台風の仕業だ。

はがれたシートの残りカスがヘロヘロと風に舞っています。あー、こういうふうになるから沖縄の建物はみんなペンキで看板を直書きしてんのね。壺川駅は広い川に面していて特に風の通りがいいからひどいんだ。ゆいレールも先人にならってペンキで駅名を直書きすればよかったのに！

壺川にはこれ以外特に用はないのでさっさと次行きます。

美栄橋《みえばし》駅あたりの中心市街地でお昼ごはんでもと思っていたのですが、さっき赤嶺で朝マックをすませたためお腹がすいてない。3時くらいに食べられればいいか、という話になったので、中心部をあえて通りすぎて、とりあえず先に終点の首里に来てみました。

首里駅は名ばかりで、首里城までかなり遠い。でも、ゆいレールの駅は高いところにあるので、遠くの高台にある首里城は駅からかなりいい感じで見える。実際歩くとしたら急坂をのぼって約20分なんだけどね。

駅を降りてみると、昨日さーたーあんだぎーを買ったお店の脇に置かれてるベンチ

首里駅は終点なので、

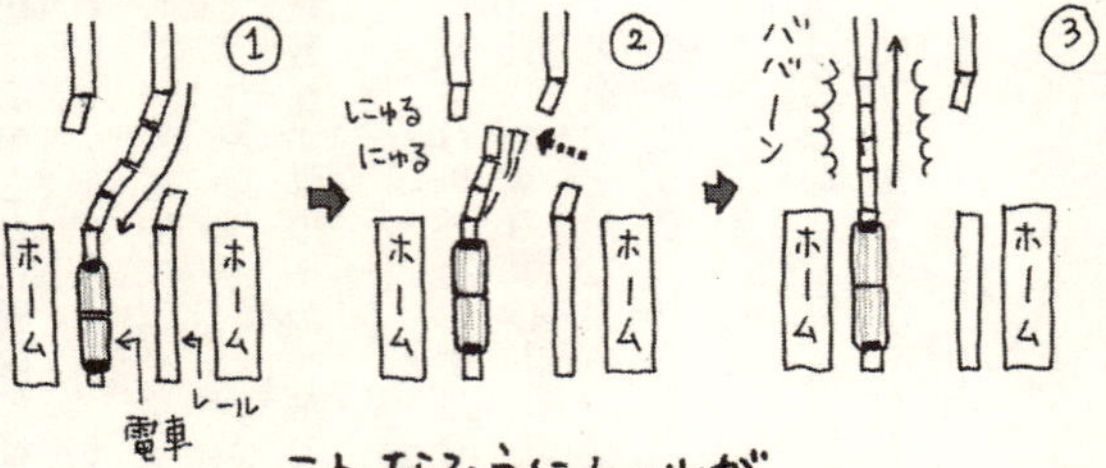

こんなふうにレールが
にゅるにゅる動くのが見えるのです。

で、おっさんが4人ほど手持ちぶさたで談笑してる。平日の昼からあんたら何やってるの。と思ったら、ひとりが私たちに声をかけてきました。

「首里城行く?」

「いえ……」

なんか妙ににじみ出ているうさんくさい空気。

「あのね、船の下がガラスになってて、底から海がすごく見えるツアーがあるの。今なら安く案内できるんだけど。どう?」

おっさんの顔はお世辞にも人のよい顔とは言えず、業《ごう》の深さが刻まれてる風だぜ。

「いえ、今日はもう行くとこが決まってるので……」

「あのね、今じゃないと安くならない! 今からならすぐ案内できる。タクシーで乗せてくから。今から行けばほら時間に間に合うから!」

引き下がらず、妙にせかすおっさん。あのさ、ここかなり海から遠いっつうのよ。沖縄の地勢をよく知らない観光客に対し、ゆいレールの終点で待ち伏せしてこうして誘うわけだね。いい商売だ。でもその手には乗らないよ。

おっさんをまいて、前の駅(儀保《ぎぼ》)まで散歩。

このあたりは首里城の裏手の傾斜地なのですが、ただの住宅地で店も特にない。でも、くねくねの道沿いに立つ建物群はひとつひとつにものすごく個性があって、見ていてまったく飽きない。沖縄の街並みは本当に美しい。公園をのぞいたり、人の庭先のような道を抜けたり階段をのぼったり、くねくね歩いてたら、なんと、昨日お昼ごはんを食べた良い食堂の前に出ちゃいました。呼ばれてるのかもね。

坂をのぼったりおりたりして、家々の間に突然現れる史蹟を眺めたりして、そしたらじわじわ暑くなってきて、ちょっと疲れたので素直に駅の方へ向かう。そして儀保駅到着。

え、まだ12時半!?　なんなのこの時間の進みの遅さ。

うちなータイムおそるべし。いろんなことをしても全然時間が経たないよ。お昼ごはん予定の3時はまだまだ先。

じゃ、とりあえず数駅乗って、ちょっと街並みがおもしろそうな安里《あさと》駅で降りてみようか。

お、市場があるじゃないですか。沖縄に来たらやっぱり見ておきたい市場。以前に国際通り近辺の市場は見に行ったことがあります。

栄町のあたりもとっても味のある
建物だらけ。

※なんとこの特徴的な建物は2010年に火災で焼失……。

安里駅そばの「栄町市場」は全域がアーケードになっていて、小さなお店がぎっしり詰まっている。以前に行った市場ほど観光地化していないけど、決して排他的な感じでもない、味のある商店街です。

どこか喫茶店にでも入れないかしらとうろうろしていると、衝撃的な音楽が耳に飛び込んできたんだよ。

「♪さかえマチマチ！　さかえマチマチ！　チェケラッチョ!!　島ラッキョ!!」

何だこれは！　すげー。

市場の中でぶらぶらしている地元の人たちも、「カメーおばぁが出てるの？」「出てるさー」「さかえマチマチ♪」と、ノリノリである。どうやら「カメーおばぁ」なる人物が歌っている様子。これ、CDになってたら欲しい！　しかしこのラジオは何だ。市場の中だけのコミュニティラジオか何かかな？

さかえマチマチに心躍らせながら市場を回っていると、入りやすそうな喫茶店「さわでぃー」を見つけた。いや、よく見ればここは喫茶店じゃない。ここの看板は年季の入った筆文字で「備瀬商店」、でも壁には「雑貨・小物さわでぃー」という看板も掛かり、そして入口には「アイスコーヒー200円」などと掲げてある。ま、何のお店かなんてもうどうでもよいことです。休憩ができそうだから入ります。

「さわでぃー」という名の
備瀬商店。
備瀬商店
ここに「さわでぃー」て書いてある
お店は
雑貨＋カフェ＋
ライブバー？
CDも出てるさー
「おばあ」と言えど
若いです。
スタイルいいし
めいどぃん
栄町市場

店の中はライブのできるバーのような感じでした。タイ雑貨も置いてあります。お昼の喫茶サービスはごく最近始めたとのこと。

と、突然、店の中を眺めていたイノキンさんから歓喜の声。

「ちょっ……ありましたよ‼」

さっきの♪さかえマチマチのCDらしきものが売っているではないですか！

即買い‼

さっきの♪さかえマチマチ（正式には「栄町まし」という歌詞だった）は、アルバム『めいどぃん栄町市場VOL・2』に入っている「おばぁラップブギ／栄町市場おばぁラッパーズ」。カメーおばぁ含め数人のおばぁたちで歌っているらしい。なんとこのアルバムはほぼ栄町市場の人たちだけで作ったCD。しかし演奏も歌も、余興のレベルなどはるかに超えています。すごい。

そして、さっきのラジオはコミュニティFMなどではなく、れっきとした民放局だったみたい。地元のカメーおばぁ出演という晴れがましいときにたまたま私たちは栄町市場に来たのでした。なんて運がいいんだろう。

そんなことをお店のお姉さんとしゃべったり、CDを聴かせてもらったりしていると、なんと当のカメーおばぁが登場である。ただ偶然で寄っただけだったようですが、なんたるグッドタイミング！　てゆーか放送局近すぎ！

スタイルのいいカメーおばぁは、いま放送局でもらってきたというキットカットを私たちにくれながら、沖縄弁の歌詞の解説やら、アーティストのエミ・エレオノーラさん（調べるべし！）と2人でライブに出る話などを陽気に語ってくれました。それでも本業はナースなんだそうです。

とんでもない人にお会いできてしまったよ。私たちは興奮し、買ったばかりのCDにサインをもらってしまいました。カメーおばぁは、CDに収録されているソロの曲を口ずさみながら颯爽と店から去っていきました。かっこよすぎ。

そういや、カメーおばぁはお店のお姉さんから呼び捨てで「りえ」と呼ばれていた。いったい本名は何なんだろう。


と、こんなふうに「さわでぃー」でのんびりして栄町のよさを味わって、私はお茶飲んで休憩するつもりがついつい昼からビールを飲んでしまって、さてもうそろそろ出るかと思って時計を見たら、絶句。

まだ2時半!!

この時間の経ち方の遅さはなんだ。時空がゆがんでるんじゃないのか。

安里駅から2駅、やっと中心部に近い美栄橋駅に着きました。この日のお昼は最初から、このへんにある「大東そば」と決めていたのです。大東そばはその名のまんま、沖縄本島のはるか東にある南大東島の名物「大東そば」のお店。

どうせ時間が経つのが遅いんだからと、地元本が充実した沖縄のジュンク堂書店や、古本屋（ヒット曲寄せ集めのMDを売ってた。ラベルは中学生がシャーペンで手書きした感じ。えーと、著作権は……？）に寄って、だらだらしながら大東そばへ。

沖縄に詳しい知人たちは口をそろえて「『大東そば』はむしろ大東そば以外がオススメ」と言う。ということで、私たちもアドバイスに従い、ゴーヤチャンプルを食べました。ここのゴーヤチャンプルには、いも（じゃがいも？　田芋？）が入ってて、ちょっと独特でおいしいです。

店を出て、午後3時半くらい。

「あの……それにしても」

「暑いですよね」

なんと、この日の最高気温は27℃でした。東京が毎日10℃を下回っているような時

「プラヌラ」は東欧雑貨を
扱ってるらしいのですが、どことなく
東南アジアティストもあり。居心地よし。
お店の本棚も充実。
いつまでもいられるよ〜

大東そばと同じ
「ニューパラダイス通り」に
あります。
入口がステキです。
Cafe
プラヌラ
紫の扉

※ここも現在は「浮島通り」に移転。

季にこの暑さ。すでにだいぶ歩き回って汗だくだし、暑いのがわりと苦手な私はもう参っていた。大東そばの近くに紫の扉がオシャレな「プラヌラ」を見つけてしまったので、私たちはもう入るしかない。2人はオシャレカフェに逃げ込んだ。

プラヌラのソファーで、私はまた酒（紅茶とリンゴのお酒）を、イノキンさんはお茶を飲みながら、だらだら。昨日の食堂の時みたいに、ただだらだら。

「ゆいレールの取材はもういいんですかね？」

ま〜一応全部乗ったんだし、いいんじゃないかな〜？　実際、今日はゆいレールだけでけっこういろんな楽しみができたじゃない。沖縄は車がないと回れない、なんてことはないよね！

「そうですね！　ゆいレールでもすごく観光できますね！」

そう！　沖縄はゆいレールで観光しよう！　いいまとめだ！

と、結局2時間半ほどだらだらしながら、私たちはゆいレールびいきの結論を出した。ゆいレールじゃ美ら《ちゅ》海水族館にも万座ビーチにも行けないけど、ま、それはそれ。これはこれ。

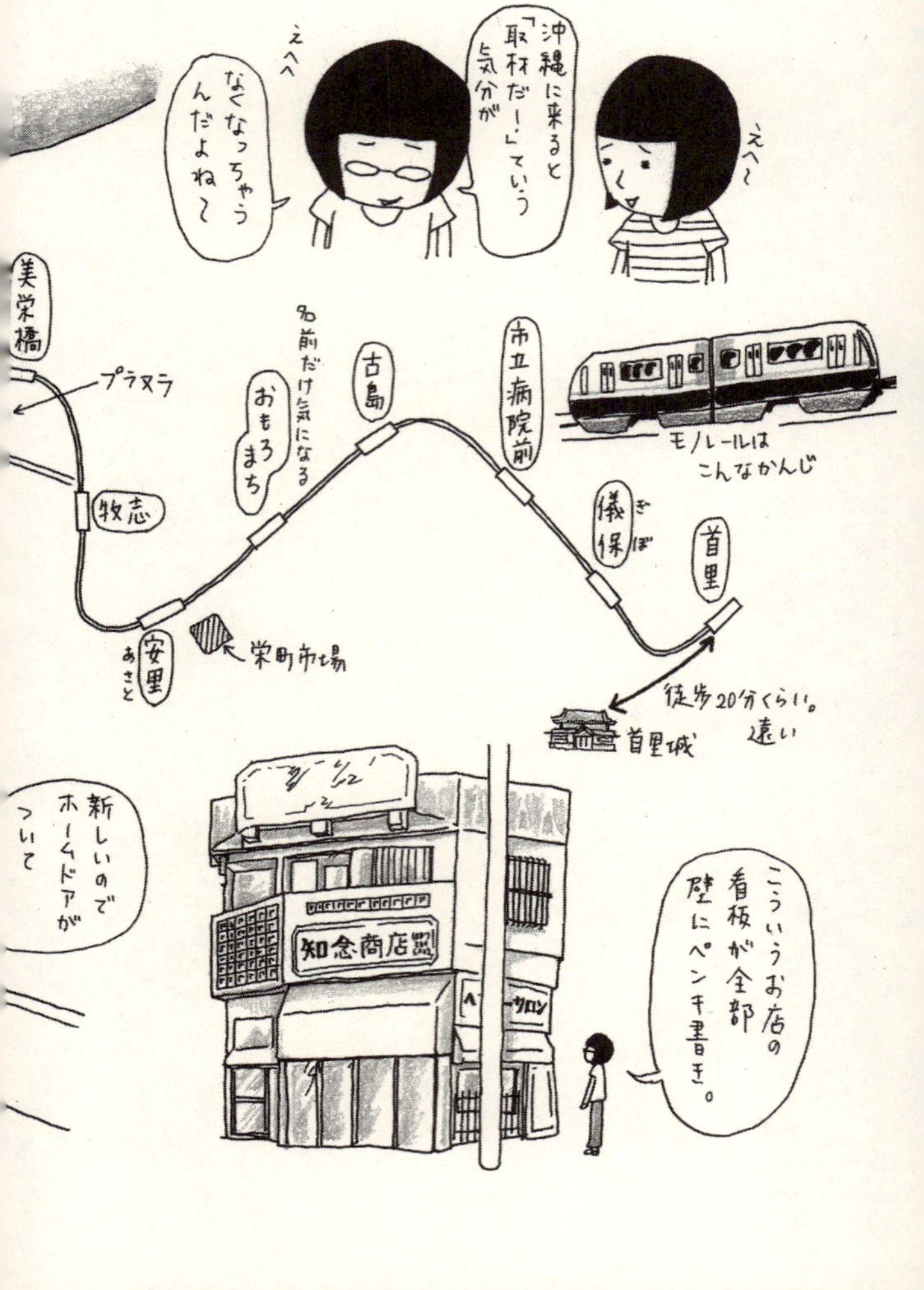
えへ〜
沖縄に来ると「取材だ!」ていう気分が
えへへ
なくなっちゃうんだよね〜
美栄橋
プラヌラ
牧志
安里《あさと》
栄町市場
おもろまち
名前だけ気になる
古島
市立病院前
儀保《ぎぼ》
首里
モノレールはこんなかんじ
徒歩20分くらい。遠い
首里城
新しいのでホームドアがついて
知念商店
サロン
こういうお店の看板が全部壁にペンキ書き。

ゆいレール全図

海
那覇空港
赤嶺
小禄《おろく》
奥武山公園《おうのやま》
日本最南端の駅なので碑がある
郊外の団地の街並み
国場川
壺川
旭橋
県庁前
大東そば
国際通り(にぎやかだけど裏通りの方がオススメだな)
川沿いすごくいい景色。
駅名標
しゅり
こういうところのデザインがきちんと沖縄テイストで好きです。
なはくうこうほうめん
那覇空港方面
for Naha-kuko
2
安全ばっちり。
います。

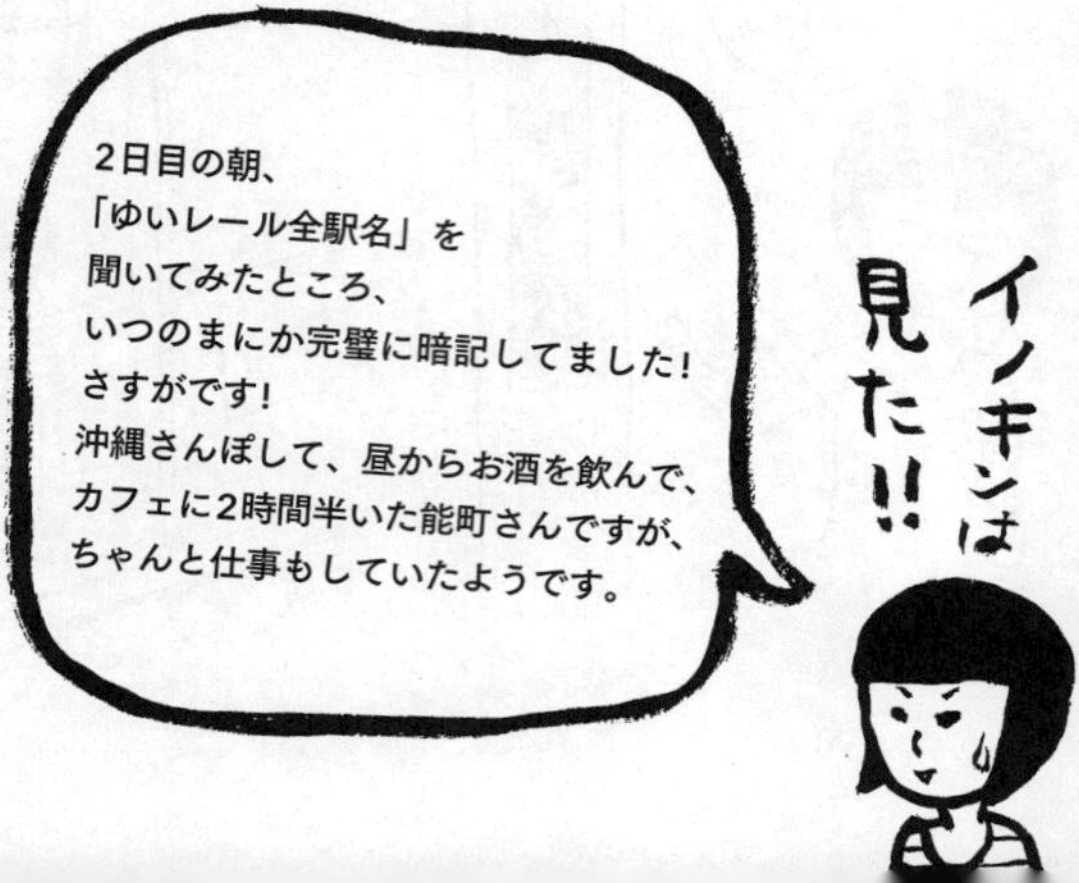
イノキンは見た!!
2日目の朝、
「ゆいレール全駅名」を
聞いてみたところ、
いつのまにか完璧に暗記してました!
さすがです!
沖縄さんぽして、昼からお酒を飲んで、
カフェに2時間半いた能町さんですが、
ちゃんと仕事もしていたようです。

琺《ホー》瑯《ロー》看板フェティシズム

1
2
3
4
5
6
7
8
9

北海道
JR宗谷本線・留萌本線

北海道の鉄道の何がいいって、琺瑯《ホーロー》看板です。

東京のJR（東日本）はさ、駅の柱についてる縦書きの駅名標、あれがプラスチックみたいなやつでしょ。あれ、味気ないと思う。空手の強い人が打ったらパリッと割れるよ。そういうのは味気ない。

でも、昔は東京あたりも琺瑯だったんだよ。私は覚えてる。

いつ変わったかまでは知らないけど、少なくとも私が小学校のときは琺瑯だった。で、ひらがなで、独特の手書きレタリングで駅名が書いてあったの。ひらがなだから、幼稚園児や小学生も読めるわけで、私はそういう駅名に何となく心ひかれていたことを覚えている。

私は物心ついたときは札幌に住んでいたから、さっぽろって書いてある駅にはよく行った。

おたるにもよく汽車に乗って祖母の家に行ったので、その途中のあさり（朝里）ではもちろんあさりのお味噌汁を想像したし、おたるちっこう（小樽築港）では、なんかエッチな駅だと思っていた。幼稚園児ですからね。

親戚関係の用事で東京にもよく行ったので、ちとせくうこうとの間もよく乗ってた。

北海道の琺瑯《ホーロー》看板とは!!
☆独特のフォント
☆全部ひらがな
（ごくまれにカタカナ）
☆どことなく手づくり感あふれる
☆2文字・3文字だと文字のアキがやけに大きい
びび
サッポロビール
あさひかわよじょう
サッポロビール
長めのものはギュッとおさめてます
なぜかこの駅だけ黒地に白
ちとせくうこう
千歳空港
CHITOSE-KŪKŌ
ちとせ
CHITOSE
当時（約25年前）は大きな看板もこんなかんじだった記憶が。

千歳空港駅（現：南千歳駅）の大きな看板には、ちとせ↑ちとせくうこう↓びびって書いてあって、幼稚園児の私はびびにだいぶ心を魅かれていた。

だって、びびだよ⁉

いつも千歳空港で降りちゃうから、びびは行けないんだ。びびってどんなところなのか、私はわくわくした気持ちで想像しました。で、小学校に入る前、私は関東に引っ越す。実家から東京までは遠くないので、買い物などでちょくちょく親と東京に行くこともあった。きたせんじゅは、なんかきれいだな、なんて思っていた（真珠っぽいから）。

しかし私がいちばん気にしたのは、にっぽり。そしておかちまち。

小学生になるかならないかの頃だから、うえのやかんだはふつうに地名らしい言葉だと気づいてしまって、特に魅かれるものを感じませんでした。うえのは漢字で「上野」だということも分かっちゃいました。

しかし、にっぽりとは。漢字でどう書くやら想像もつかない。

東京なのに、なんかさっぽろに似ている。でもさっぽろよりくどい感じがする。「に」が口の中で粘っこさを作ったと思いきや、「っぽ」ではじける。そしてラストの

「ぽり」は軽快に。

にっ……ぽり。

気になってしょうがない響きです。

そして**おかちまち**。

これはどう考えてもお菓子の町ですよね。

しかも、おかしをわざわざ「おかち」と、赤ちゃん言葉にしてしまった。ますます子どものための、お菓子の町らしい感じがします。

オトナな私（当時の自覚）は、そんな町が存在しないことは分かっていたよ。しかしそれにしても、**おかちまち**ってのは聞けば聞くほど子どものための町としか思えなかった。「……ちまち」っていう響きも笑っちゃう。変な名前だなー、と思っていた。

ですから、縦書きのひらがな表記の、駅の琺瑯看板には並々ならぬ思い入れがあるわけです!!

っていうことを一体どれだけの人に理解してもらえるのか？　子どもの頃のこういう思い入れってあるよね？？？

というわけで強引におさめて、話がやっと先に進めるよ、ああ、北海道の話を書きたいんですよ。だから、私は北海道の駅がいまだに琺瑯の縦書き看板を使ってることがすごく好きなのです。

で、そのひらがな看板を見るために北海道の鉄道に乗りに行きたいなって思って、どんなひらがながいちばんすてきかなって考えたら、それはぴっぷじゃないかなと思ったんです。子どもの私が見たらいちばん胸躍りそうな響きはぴっぷのような気がして。

ぴっぷ。漢字で書くと比布。アイヌ語由来の当て字だから読めるわけがない。ピップエレキバンとは本来何の関係もない（でもここでCM撮影したことはあるらしい）。旭川よりさらにちょっと北に入った小さな町です。

さっき書いたびびももちろん候補に入るんだけど、実はびびに行くという幼稚園来の夢は9年前の一人旅で叶えている。だから今回のメインはぴっぷかな、と。

それにしてもこの前置きはなんて長いんでしょう。こんなに語ってまだ北海道に着いてもいない。さっさと本編に行きましょう。

あ、北海道ではJRのことを、特に年配の人は「汽車」と呼ぶことが多いので、私もそれにならって汽車と呼ぶことにします。実際電車ではないところも多いからね。

千歳空港に着いた私たち。4月初旬の北海道はまだ一面雪景色だった。

まずはぴっぷの前に予行演習でびびも久しぶりに見たい。

美々駅（漢字ではこう書く。かわいいじゃないか）は新千歳空港駅から2駅ですから、近いのです。

私とイノキンさんは千歳空港から美々を目指してタクシーに乗り込んだ。

……また冒頭から鉄道に乗らない私たち。

千歳空港だって鉄道が直結しているのに、沖縄といい北海道といい、この企画は鉄道ネタのくせに鉄道に乗らないんだよな。美々に停まる汽車はそんなに多くないし、汽車で行くと予定がこなせないので仕方がないんです。

冷たい雨の中を、家が本当に1軒もない荒野をつっきってタクシーは走る。ある道で左折してしばらく行くと、小屋みたいなものがあってそこが美々駅の待合室。ここは無人駅。

というか、無人地帯。家がないんだよ。以前来たときからこうだった。

工場みたいなものはほんの少し見えるけどあとはほとんどやぶ。この駅を使っている人は皆無に近いのではないか（実際、利用者が皆無に近く、２０１７年に廃止されてしまった！）。

美々駅待合室の壁の落書きはすごい。暴走族のようなタチの悪いものとはまた違う。原文のまま書くと、

「寝過ごした（最終）どうすればいい　こんな駅作るな〜‼　でも俺が悪い　反省」

「寝過して美々てんじゃねーよ」（うまいな）

「千歳空港とまちがえたーまちがえたー」

要するに、この駅で降りる人はうっかり千歳空港の最寄駅だと勘違いした人と、札幌あたりから帰宅中に寝過ごしてしまった人がほとんどだということですね。この待合室にはそんな人たちのやりきれない思いが充満しているよ。駅名の美しさとはほど遠い。

で、私はひとつ目の珐瑯看板 びび を見て心を和ませました。イノキンさん、これが珐瑯看板という物なのですよ！

タイミングよく来た列車に乗り、私たちはすぐに小樽に向かった。 ぴっぷ

には直接行きません。一度小樽に寄らせてほしい。

なぜ小樽に寄るかって、それは札幌～小樽の車窓がとんでもないものだから。札幌～小樽間はかなり乗客の多い地域なので本数も多いのですが、そんな区間だというのに、海がものすごく近くて海との間に柵もなく、波が高いと今にも車内に水が入ってきそうな危険かつすばらしい景色の所があるのです。

小樽から札幌に通う人は毎日これを見れるんだよねぇ。いいなあ。すばらしい海の景色を見て、私たちは小樽に着いた。小樽駅舎は歴史を感じる豪華な造りで心が満たされる。外は冷たい雨。

小樽に関してはあまり鉄道と関係なく街歩きをして、同じルートで折り返し、札幌から特急で旭川へ。旭川に着くころにはもう暗くなっていた。

ホテルに荷物を置き、旭川といえばラーメンしか思いつかなかったので、晩ごはんは『梅光軒』という名店のラーメンとなりました。おなかいっぱい。

そしてその晩、私とイノキンさんは超調べた！　持ってきたパソコンをフルに使って調べた。

何をってそれは、明日は**ぴっぷ**に行くだけじゃ、旭川から近すぎてお昼の前に終わっちゃうことに気づいたんだよ。比布までは各駅停車で6駅しかないからね。それじゃせっかく北海道まで来たのに淋しすぎる。ほかにもいろいろ行ってみたくて、楽しそうなところを2人でがんばって探したわけだよ。

いや、そんなの先に調べとけって話だけどさ。すみません、いつもうっかりなんです。着いてから気づくんです。

私たちはまず、比布のちょっと先にわっさむ(和寒)を見つけた。

「わっ寒!」っていう、……いやまあ、これもまた声に出すと寒いんだけれども、北海道としてはネタとしてあがりやすい地名だと思うんで、せっかくなんでその琺瑯看板を見に行ってみようかな。

しかし、わっさむとぴっぷに寄って戻ってきても、お昼くらい。

旭川空港からの飛行機便は夜の予定だからまだおそろしく時間が余っている。鉄道企画である以上、鉄道にもっと乗らなくちゃ。

このへんだと、留萌《るもい》本線もローカルでよさそうだな、と思ってウィキペディアで留萌本線を調べてみたら、びっくりした。

どれもこれも駅舎がすばらしい!

古い建物好き、古い駅舎好きの私としてはよだれの出る路線です。

ウィキペディアには熱心なマニアが熱心に各駅舎の写真を載せてくれているのです

が、挙がっている写真のどれもこれもすごくいい。

でも、列車の本数は3時間に1本くらいという廃止スレスレの数なので、どうしてもごくわずかな駅しか回れない。

どこに行くべきか、旭川のホテル内でイノキンさんと夜を明かす勢いで考えた。結果、秩父別駅《ちっぷべつ》（私の希望）と、礼受駅《れうけ》（イノキンさんの希望）に決定。

秩父別駅は駅舎そのものの味わいに、礼受駅は駅舎に転用されている貨車の錆付きぶりと、後ろがすぐ海というロケーションに惹かれたんでした。琺瑯看板には必ず「サッポロビール」の広告がセットになっているので、景色のいい礼受でサッポロビールを飲もうよ、と決めた。ついでに、となりの阿分駅《あふん》までは1キロちょっとしかないから歩いてみよう、と。


翌朝、しっかり起きて宗谷《そうや》本線へ。

宗谷本線。いいよね、この響き。北の果てに来た感。

朝の通勤通学時間だけど汽車は1両です。しかも春休みだから、高校生も部活の子しかいない。天気は快晴、真っ白の雪景色の中を汽車はことこと進みます。ぴっぷを通りすぎてまずはわっさむへ、約1時間。和寒駅は小さな無人駅。

ウィキペディア（2010年4月現在）に載ってる
礼受駅の写真。↓

4月2日だったけど、和寒はワッ寒！（はいはい、一応ノルマとしてね）
和寒ではあまり時間が取れず、すぐ折り返してぴっぷに戻るのですが、和寒駅の珐瑯看板**わっさむ**の多さに私たちはびっくりです。同じ柱に2個3個と貼ってあるのにはびっくり。そんなに必要？
「あ、あそこにもわっさむが……あ、あの柱の裏も！　わっさむわっさむ！」
と言いながらイノキンさんと私は**わっさむ**を探した。結局、珐瑯看板は15コもありました。15わっさむ。

さあ、北からやってきた汽車でぴっぷへと逆戻りです。ついに到着、ぴっぷ!!
幼稚園児の私に教えてやりたい、珐瑯の**ぴっぷ**看板。比布駅の駅舎も、名前に似合ったかわいいピンク色。**ぴっぷ**を求める私たちの気持ちを分かってらっしゃる。

きたぴっぷ↑ぴっぷ↓みなみぴっぷっていう看板もすごくいい。とても当たり前のことを言ってるのに、あえて口に出して言いたくなる。ぴっぷきたぴっぷみなみぴっぷ。かえるぴょこぴょこみぴょこぴょこぴょこ。

和寒《わっさむ》にて。

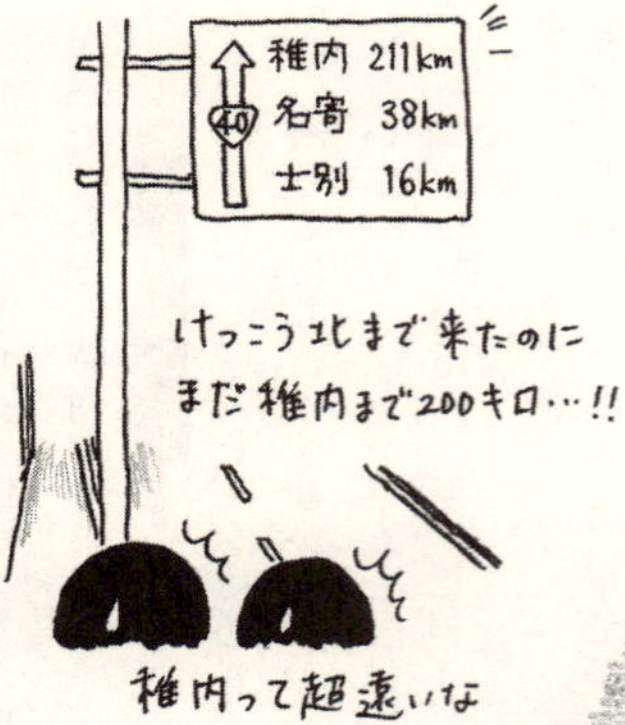

念願の琺瑯看板、多すぎ。
わっさむわっさむわっさむ！

わっさむと同じように、とりあえず珠瑯のぴっぷを数えてみます。14ぴっぷだ。ホームのいろんな所を駆け回ってぴっぷを撮ったり、ぴっぷにタッチしてみたりしていると、イノキンさんがなんかニヤニヤしてる。

「これ、持って来たんですけど～」と言ってカバンから何かを取り出すイノキンさん。もう、その一瞬で嫌な予感はしてたんだけど、きっとあれでしょ、それだけはちょっとやめておきたいんだけどなあ……。

と、予想通りピップエレキバン登場。

「え～。それは、ちょっと、ベタだし……ナシでしょー」

「あってもっ！ 違うんです、同僚がどうしても持って行けとか言うから」

イノキンさんの同僚氏！ もうちょっとひねれ！

比布駅でピップエレキバンを持って小競り合いの私たち。しかしイノキンさんは、「とりあえずこうしましょう」と言って珠瑯看板の「ぴ」と「ぷ」の「゜」のところにひとつずつエレキバンを貼った。

あれ、それはちょっと……おもしろいッス。

ぴっぷ
エレキバン
本場の味
サッポロビール

エレキバン儀礼も終わってから、比布駅併設の喫茶店へ。

そう、ここは一応無人駅で駅員はいないんだけど、駅舎の一部がそのまま喫茶店になってて、喫茶店のおじさまが委託で切符も販売しているというおかしな形態になっています。

喫茶店の名前は「ぺぺ」。

ぴっぷのぺぺ。……ぴっぷのぺぺ、て！　どんだけ「ぱぴぷぺぽ」好きやねん！関西人が来たら突っ込まれるところです。危ない危ない。北海道人は突っ込んだりしない。全部吸収する。

ぴっぷのぺぺに入ると、おばちゃんとおばちゃんとおばちゃんと、おじさま（マスター）がいた。すごい地元臭でうれしい。しかもおばちゃんはほとんどカウンター席にいる。「だまってたらタバコ1箱飲むんだ」「人が来てタバコ吸うっしょ？　したら吸殻まで吸うんだ。すぐ投げたらいいんだけど、投げたら怒るんさ」ダンナがタバコをやめないという話題でもちきりです。方言が耳に心地いい（北海道弁では、投げる＝捨てる）。

喫茶店の扉の横には窓口みたいな穴が開いてて、切符を買うだけのお客さんはそこから切符を買います。そこにお客さんが現れると、マスターは呼ばれてないうちにス

※この「ぴっぷのペペ」も閉店してしまったんだよねぇ……。
でも当時の雰囲気だけでも描き残しておきたい。

ッと窓口に移動します。気配の察知力がすごい！

私たちはピザトーストなどを申しわけ程度にいただいた。汽車がわりとすぐ来ちゃうので、あんまり長居できなくて残念。ピザトースト、おいしかったです。


さて、比布から旭川を経て、1区間だけ特急（普通列車が少なすぎるため）に乗って深川に着いた。ここから留萌本線に乗り換えなのですが、2時間ほど汽車は来ない。2時間待つのは効率が悪すぎる。目的の秩父別駅までは2駅。となれば、徒歩か？いや北海道の2駅の距離をなめちゃいけない。

ということは、タクシー!!

鉄道企画だけど、またもタクシー使い。なんて贅沢、そして反則気味！でも、どうしても駅を見てみたいんだもの。

タクシーで秩父別駅に着くと、駅には琺瑯の**ちっぷべつ**看板がやっぱりたくさんあった。10ちっぷべつです。おや、猫が数匹いました。寒いのにねえ。

「10ちっぷべつのそばにいるこの子たちは猫ちっぷべつだね」

ちっぷべつの響きがよすぎて何度も言いたくなる。

駅舎ちっぷべつのベンチちっぷべつもカラフルでかわいい。駅舎の横を見ると、別秩父別駅。すてきなたてもの。

↑4月上旬でもまだこんなに雪が。

の猫ちっぷべつが丸まっている。猫ちっぷべつ、かわいいけどなついてくれない。

駅ちっぷべつの周りを歩いたり、駅舎ちっぷべつを隅から隅まで写したりしていたらやっと汽車が来ました。1両、ことことと。無人駅だから、もちろん汽車が来るアナウンスやチャイムなど何もありません。時刻どおり、いきなり来ます。

その1両の汽車に乗り込んで、うっかりウトウトしそうになりながら各駅舎を車窓から眺める。ひとつひとつ本当にすてきです。降りれるものなら降りたいんだけど、降りたら汽車が3時間くらい来なくて困ることになるから、礼受に行くためにじっと我慢。すでに深川駅でサッポロビールもしっかり買い込んでいる。

しかしその途中。降車駅候補のひとつだった、ぼろぼろに錆びきったはずの大和田駅を見て愕然とした。

「塗り替えられてる……!!」

写真で見たボロボロの駅舎（というか貨車の改造？）は、なんか妙な紫色のペンキで塗られて、表面上きれいになってしまっている。

「残念ですね……」

「残念というか、礼受が心配だよ。みんなこうなってるんじゃないかな……」

4月とは思えないほど雪の残ってる、豪雪地帯の山越えをして留萌の海沿いに降り、礼受に着きました。そしてまた愕然。

さびさびの駅舎（貨車）はやっぱり塗り替えられてたし、さらに悪いことは、海が見えるはずのシチュエーションだったのに風よけのネットが立てられちゃって海が見えません!!

しかも、そんなことを嘆く余裕もないほど、もんのすごく海風が強くて寒い！　ビールなんて寒くてとても飲めたもんじゃない！

まずは凍えないように貨車の中に入った。なぜか琺瑯のれうけ看板がひとつ床に捨てられている。旅人用の「駅ノート」も設置されている。読んでみると、日本海側を歩いていろんな所へ向かう人の書き込みがけっこう多い。やっぱり阿分駅までは近いようで、「阿分から歩いてきました」という書き込みも多い。

2人はビールを開けてみたものの、寒いのであまり飲酒も進まない。ビールを持って記念写真でも撮りたかったけど、外で飲むのなんて寒すぎて論外だよ。折り返しの汽車が来るまで1時間以上。んー、どうするかね。

「じゃ、え～と、阿分まで歩こうか……」

期待はずれ。

7 北海道　JR宗谷本線・留萌本線

「えっ……」

明らかに引いているイノキンさん。

確かに外は強風だし、日本海側の国道を歩くことになるから風よけも全くなく、東京でいえば十分に真冬並みの寒さです。阿分駅まで1キロちょっと。ふつうに歩けば汽車には十分間に合うけれど、この条件では危なっかしい気はする。阿分駅の場所はきちんと確かめてないし。

でも、国道と鉄道はどっちも海沿いを行くから、たぶん迷わないよ、うん。

「だって風が……」

だいぶ顔のこわばるイノキンさんを私は押し切った。だってこの小屋でただ1時間待つくらいなら、ちょっと冒険してしまいたい。ビールもそこそこに（というか結局寒くて飲みきれず）私たちは国道に飛び出した！

容赦なく吹き付ける風！　方角的には南風なのに、冬の日本海に方角など関係ない。めちゃくちゃ寒い。ビュゴゴゴ！　という音がずっと耳元で響くほどの風に、2人とも無言になる。周りの景色など見ている余裕もない。

わー、イノキンさんに申しわけなくなってきた。数分でもう後悔したけど、一度進みだしたものはもう引き下がりたくない。通るのはトラックばかりで、当然歩行者と

なぜそこまでして私たちは
歩いたのだろうか…

すれちがうことなんかない。あまりに風がきついので、たまに後ろ向きで歩いてみたりする。

おや？　50メートルくらい行ったところで、大きなバックパックを背負ったたくましい男性1名（徒歩）とすれちがいました。

軽く会釈。

何事かに挑戦してらっしゃるなあ。しかし私たちが強烈な向かい風ってことは、彼はかなりの追い風の中を歩いてるんだろ。こっちの気も知らないで！　と内心でやつあたり。

容赦なく吹きつける風で体が冷えまくり、つらくなってきたので、やっと見つけた脇道にちょっと入ってみた。1本入るとウソみたいに風が入り込まない。そのまま脇道を進むと線路が近くなって、それに沿って歩いて行くと、小学校の裏に駅がありました。ああよかった、もうあれ以上国道を歩くのは限界があったよ。

この阿分駅、とんでもない小駅でした。

今日いままで降りた駅は、無人でも、まがりなりにも駅舎や待合室らしきものはあった。

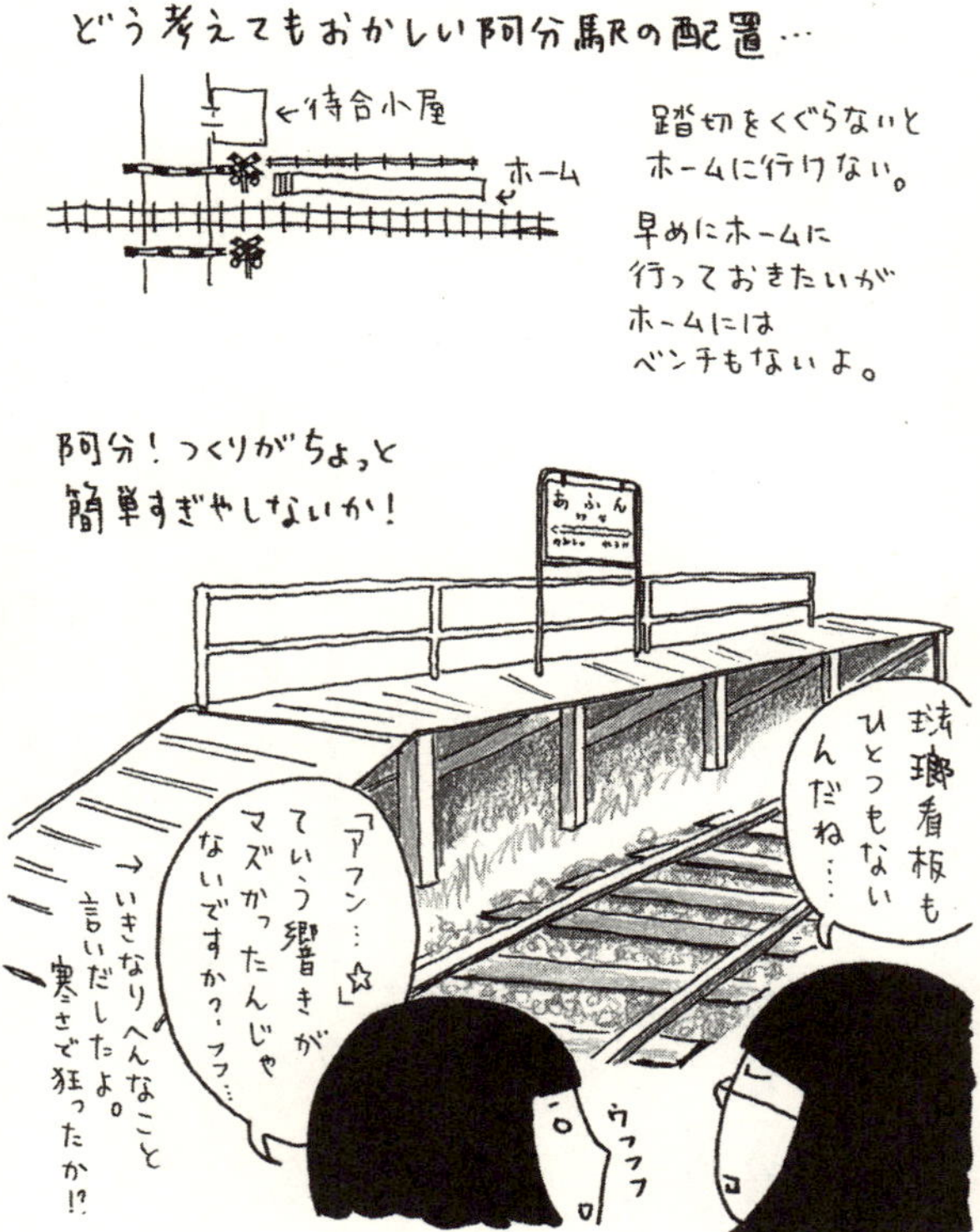
どう考えてもおかしい阿分駅の配置…
待合小屋
ホーム
踏切をくぐらないとホームに行けない。
早めにホームに行っておきたいがホームにはベンチもないよ。
阿分！つくりがちょっと簡単すぎやしないか！
あふん
琺瑯看板もひとつもないんだね…
「アフン…☆」ていう響きがマズかったんじゃないですか？フフ…
→いきなりへんなこと言いだしたよ。寒さで狂ったか!?
ウフフフ

しかし阿分の待合室は、雪かき用の道具入れ同然でした。木でできた申しわけ程度の台（一応プラットホーム）があるけど、ホーム上には四角い駅名の看板くらいしかない。北海道名物の琺瑯看板さえ、ひとつもない。そこから少し離れた地面に物置のようなものがあって、そこが一応待合室であるらしい。中には「阿分自治会」による、雪かきに関する貼り紙が。

待合室にはベンチのようなものがしつらえられているけれども、雪かき用シャベルなどがたくさん入っていて落ちつかない。なにしろホームと小屋のあいだに踏切がある形なので、汽車が来たら、閉じている踏切をくぐってホームに行かないといけないのです。なんだこの非効率ぶりは。

私たちはその物置小屋で冷えた体をあたためながら（と言っても暖房などない）、汽車を待ちました。つくづく、真冬にやらなくてよかった。へたすりゃ死んでたよ。阿分でやはり1両の汽車に乗り、のんびりと深川を経て旭川へ戻る。寒風を猛烈に浴びながら歩いていたときはどうなるかと思ったけど、予定どおりの帰りの飛行機には無事間に合いましたとさ。

今回はとにかく琺瑯看板がひたすら大量に見られて、目の保養になったよ。ぴつぷもびびもわっさむも見られてよかった。

そして私は数日後高熱を出したけども。

礼受の無茶のせいだ……。

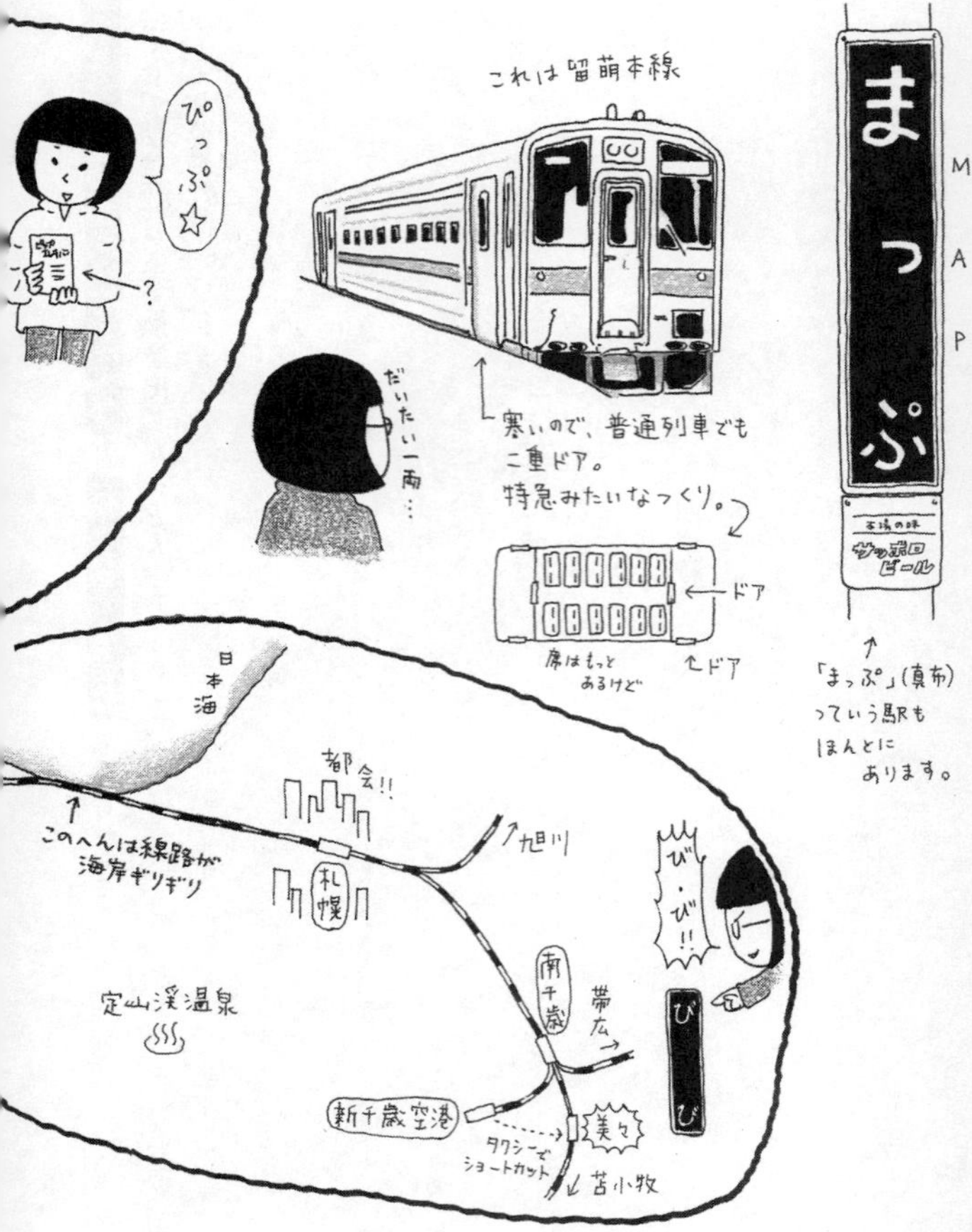

ぴっぷ☆
?
これは留萌本線
だいたい一両…
寒いので、普通列車でも
二重ドア。
特急みたいなつくり。
ドア
席はもっと
あるけど
ドア
まっぷ
MAP
本場の味
サッポロ
ビール
「まっぷ」(真布)
っていう駅も
ほんとに
あります。
日本海
都会!!
このへんは線路が
海岸ギリギリ
札幌
旭川
定山渓温泉
南千歳
帯広
び・び!!
びび
新千歳空港
美々
タクシーで
ショートカット
苫小牧

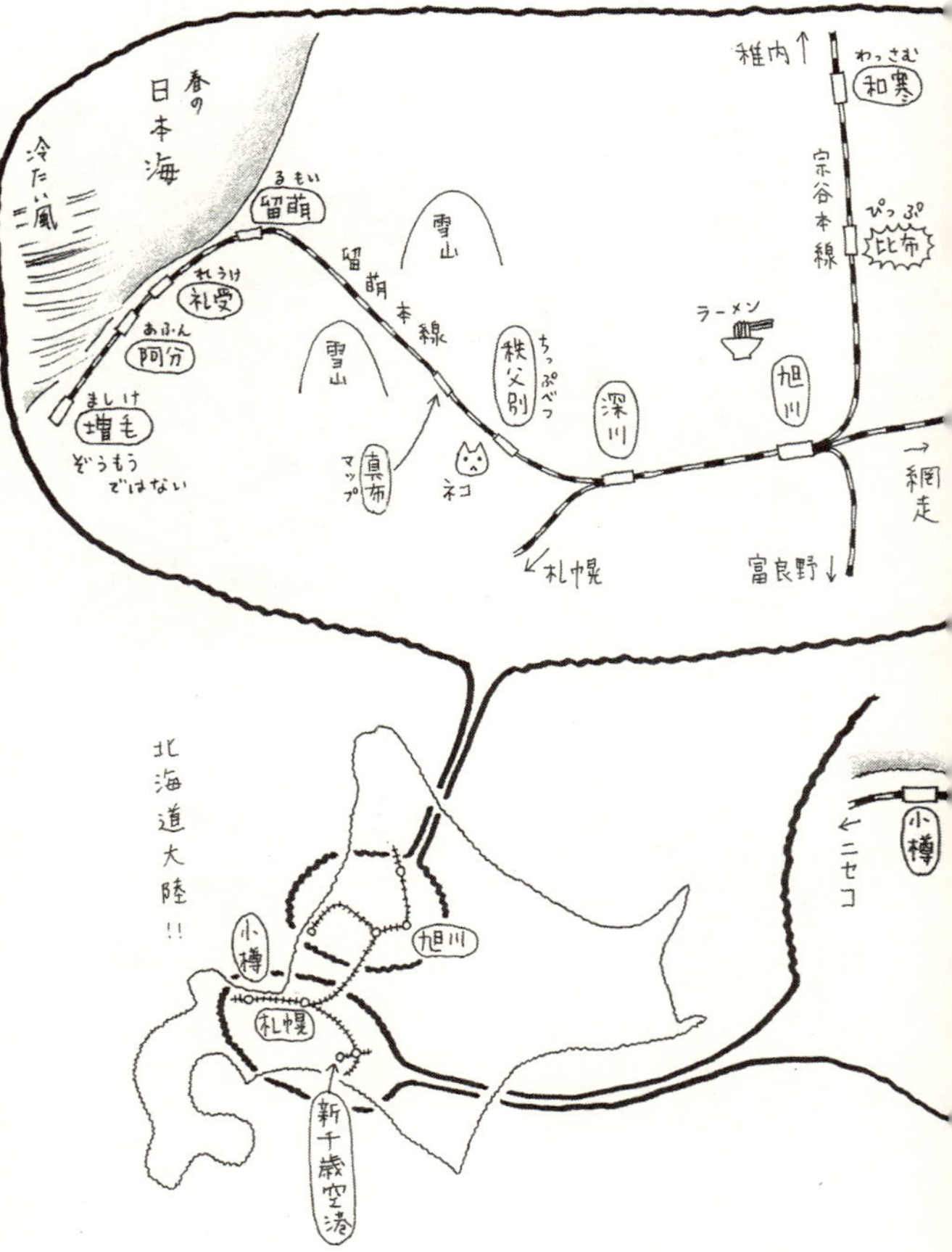

※留萌～増毛は2016年に廃止。ほかの区間もかなり危うい模様……。

4月でこの状態。
ホームのすみっこは使わないよ（比布駅）

ほとんど
寄せ書きのための駅！
（美々駅）

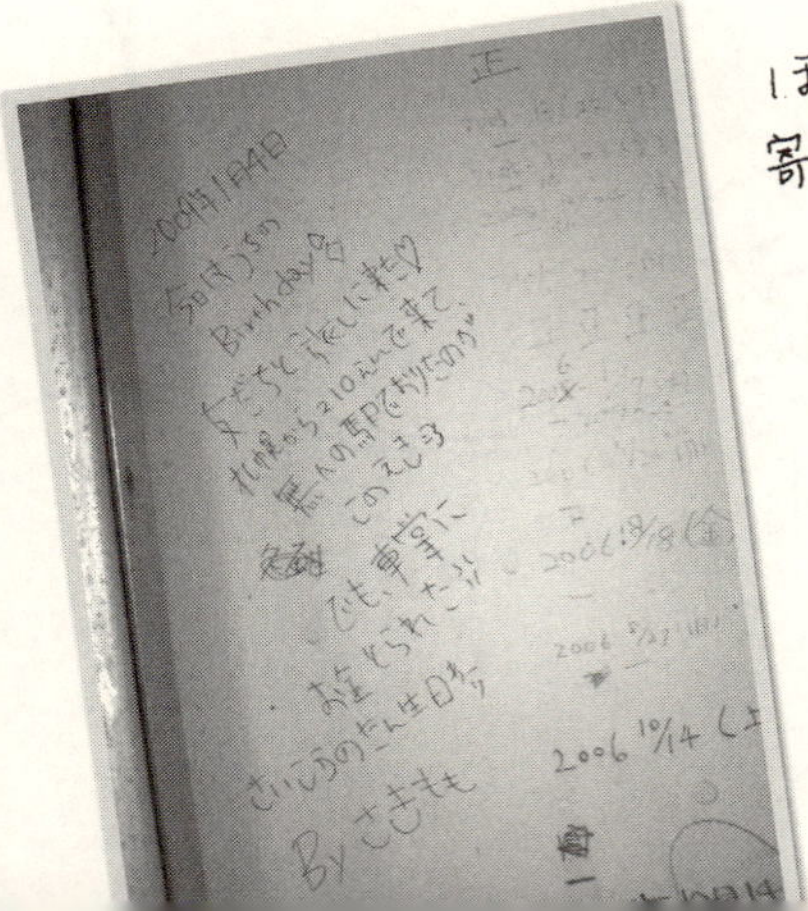

最寄り駅から空港まで歩こう

熊本・鹿児島
JR肥薩線

今回は、熊本から入って鹿児島から帰る旅です。いちばんの見どころは築百年強の嘉例川《かれいがわ》駅だけど、ただそれを見に行くというだけではない。

私とイノキンさんは夜に熊本空港から入って、熊本空港から市内に行くバスに乗り込みます。バスの車内アナウンスが「つぎは、自衛隊前！　自衛隊前ですっ☆」って、妙に元気な女の子だと思ったら、スザンヌだ！

熊本出身のスザンヌが「熊本県宣伝部長」を務めてるから、こんなところでも意表をついた活躍をしているんです。初めて来た人にはちょっとおもしろいけど、よく東京に出張する熊本人にとっては慣れっこなのかな。

熊本駅で、明日の計画を立てるために時刻表を買おうとすると、どこでも見かけるJR時刻表などに混ざって、見慣れない『綜合時間表』なる冊子があります。どうやら九州限定の時刻表らしい！　こっちを買うしかあるまい。「時間表」っていうひびきが新鮮なので、私たちはその冊子をずっと正式名称で「時間表」と呼びつづけました。時刻表ではありません。

さて、翌朝私たちは時間表で計画を立てたとおり、通勤客で案外にぎやかな熊本駅から「九州横断特急」で山の方へ向かうのだ。熊本駅は近いうち新幹線ができるので改装中、ということは今はまだ古い感じが残っている。駅の看板もまだ国鉄ムードで、私は大好きなタイプです。特急は心配になるほど客席スカスカ。

ところで、私は車体にほとんど興味がないのですが、そんな私でもJR九州の車輛って全体的にかっこいいと思った。特急のボディは赤に黒ラインの入った高級感あふれる感じ。関東のほうではあんまり見ない渋さでかっこいいよ。普通列車も、真っ赤なラインが入ってて未来的でかっこよい。

のちに調べたところによると、JR九州の車輛デザインを手がける水戸岡鋭治《みとおかえいじ》さんは今までグッドデザイン賞などを含む数々の賞を受賞してるんですって。鉄道とデザインっていうあんまり結びつかないところで、JR九州はがんばってると思うよ！

私たちが乗る肥薩《ひさつ》線という路線は、スイッチバックとかループ線とか、鉄ちゃん的に見どころたっぷりなので、鉄道ネタの中ではわりとベタなようです。ベタすぎて、あまのじゃくの私としては逆にあんまり興味がなかったのですが、途中駅の駅舎が古いと聞けば黙っていられません。古い駅舎好きの血が騒ぎます。

特急は球磨《くま》川の渓谷を縫うようにして、小駅は全部飛ばしながらすばらしい景色のなかを人吉《ひとよし》駅に着きます。

車輌がひとつひとつかわいいです。
モノクロで残念。
特急
185 九州横断特急
まっか
赤を基調としたスタイリッシュなデザインが多くて、珍しく車輌に魅かれたのです。九州バンザイ♡
普通列車も赤

小駅もできれば全部停まりたかったんだけどね。本数が少なすぎて計画がハタンするからあきらめました。

山あいにある人吉という街は本当にいいところだった。空気がいい。というのは、排気ガスがないとかいうことではなくて、何かこう街の醸し出す、言葉で説明しにくい雰囲気が非常にいい。活気にあふれた街とまでは言えないけれど、地方都市にありがちな、げんなりするようなさびれた感じを受けない。そしてどういうわけかやたらと美容室が多い。

さて、人吉では汽車の接続がものすごく悪くて3時間ほど待たされるので、そのあいだにオシャレカフェを見つけてしまおうという魂胆です。

川の向こうに人吉城があり、そのあたりには武家屋敷が並んでいるようですが、そこはあまり見ずに「ぶけぐら」というカフェに入って焼酎アイスというものを食べました。よく見る地方の特産アイスですが、これはなかなかおいしかった。「ぶけぐら」はオシャレカフェというより、もっと力の抜けたゆるい喫茶店。それはそれで、好き。

時間がちょっと余ったのでさらにもう一店。「さんぽカフェ」へ。前を通ったら雰囲気のあるつくりだったので、カフェをハシゴすることになった。

人吉城のお濠《ほり》が見える位置にある、蔵を改造したタイプのカフェです。1階が雑貨さんぽカフェ。ロケーションがとてもいいよ。

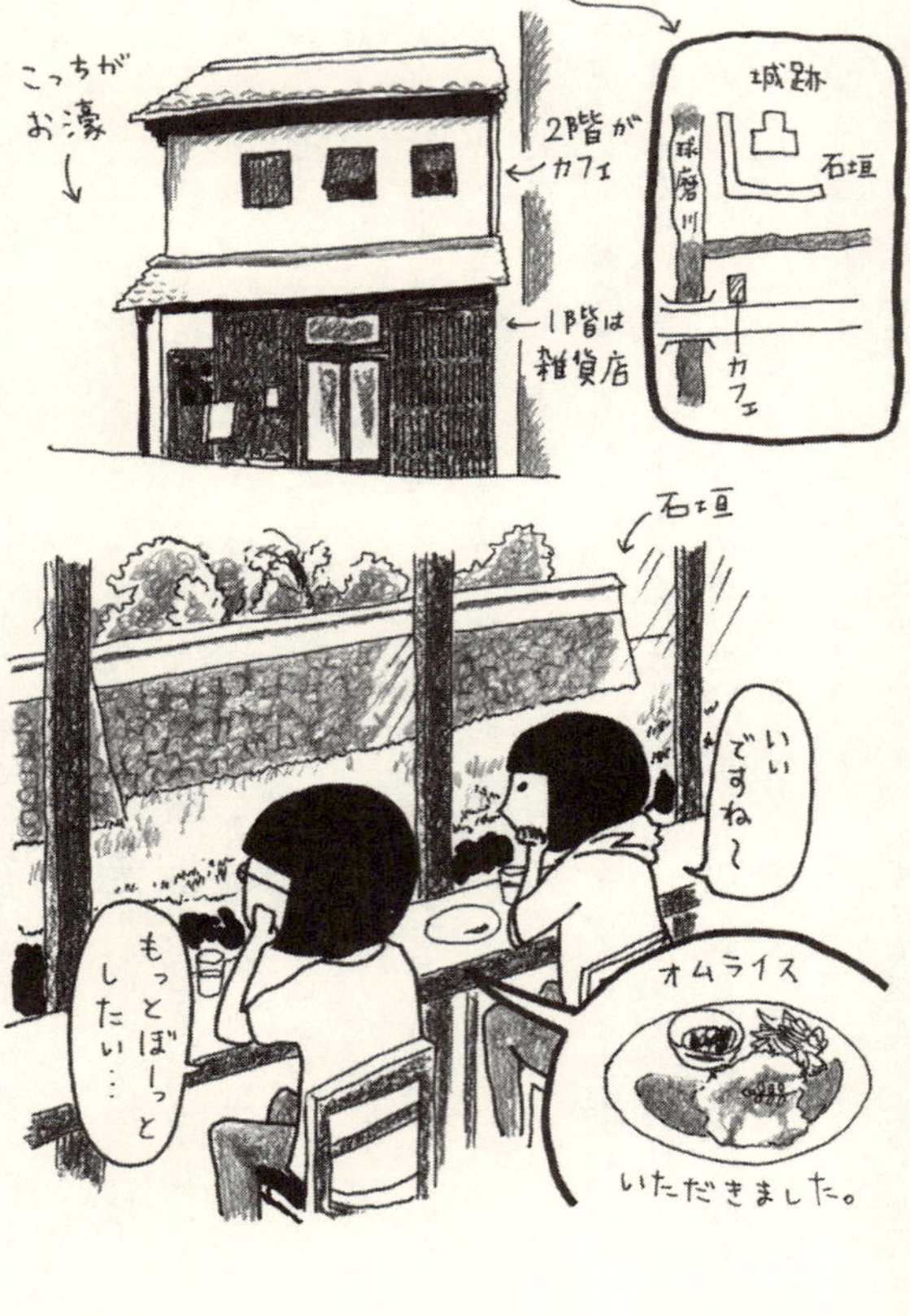

店（かなりセンス良さそうだったが残念ながらお休み）、2階がカフェ。お濠に面する形でカウンター席があり、風が抜けて気持ちがいい。この街で蔵の感じを残したまんま、こういうカフェをやってることは素直にステキだと思う。

ただ、さすがにカフェのハシゴをしたら3時間の持ち時間も危なくなってきたので、あまりのんびりできずにカフェを出る。

商店街を斜めに渡って駅に戻って、吉松行きの普通列車に乗る……はずが、あれー、これは特急なんじゃないの？

デザインもすごく豪華だし、「いさぶろう・しんぺい号」って書いてあるよ。そして、いかにも観光客といったじいさまばあさまが大量にいらっしゃる。なんだこれは。ホームには弁当売りのおじさまがいる。「べんとーーぃ、××（聞きとれず）！」といい声をあげてる。

どうやらこれは観光用の普通列車とのこと。中が和風個室居酒屋みたいな感じになってる。お客のじいさまたちはお酒も入っていい感じです。特急ではないけど、指定席で500円必要でした。きちんと調べておけばよかった。

いさぶろう・しんぺい号の前で
弁当売りのおじさまがピースしてくれた。

この区間は利用者がほとんどいなくて、もはや路線そのものが観光用になっているのだ。ループ線とか、古い駅舎とか、スイッチバックとか、見ものが連続でたくさんありますものね。

隣席の敬老会御一行が盛り上がるなか、一駅目の大畑《おこば》へ。ここは「ループ線の中にあるスイッチバック駅」という日本唯一の環境なので鉄ちゃんには特に人気が高く、駅舎（古いまま残してあるどころか、看板などはあえて古いものに付け替えたんじゃなかろうか）のあらゆるところに、来駅記念の名刺がはさんであります。

誰かがやり出したのを人がまねていったんだろうけど、駅舎中名刺だらけですごいことになってるんだ。神社に貼られた千社札のよう。

なぜ途中駅の駅舎をこんなに見れるかというと、この観光列車は1駅1駅で数分ずつ見学用に停車してくれるからです。なんかそういう100％観光用の感じはあんまり好きじゃないんだけど、たまにはいいか。

ループ&スイッチバックの大畑の次はSLがなぜか保存してある矢岳《やたけ》。その次はスイッチバックの真幸《まさき》。

すべての駅に見どころがあって、しかも全部駅舎が古い。そんななかなかの観光スポットをめぐりながら私は何を見てたかというと、観光スポットも見たけど、盛り上

名刺だらけの おこば駅。

看板筆文字
おこば
OKOBA
やたけ
YATAKE
ひとよし
HITOYOSHI
駅内部
予想以上にすごい…
(私は貼りませんでした)

がるお客のじいちゃんたちがかわいかったのでそっち優先でずっと見てた。記念写真を撮ってる人の写真を撮ったりしていた。すみません。

で、汽車は終点の吉松駅に着く。

敬老会御一行は、さらに次の特急に乗り換えて鹿児島へ向かってしまいました。しかし私とイノキンさんは吉松にとどまり、普通列車を待ちます。1時間以上。

吉松駅近くには喫茶店も見つからず、駅売店にもおみやげらしいものがほとんどない。1時間のひまをつぶすのに適したものがない駅であった。駅前にこれまたなぜかSLが展示してあるんだけど、その周りでは地元の子どもたちが遊んでるからあまり見る気になれない。

でも、駅の待合室になぜか畳の間があったのである！

そりゃ寝るわ。

私もイノキンさんもそこで寝転がって、本当にちょっと寝てしまった。そうして英気を養って普通列車に乗り、嘉例川に向かう。

そう、今回の最大の目的は嘉例川駅。そして、嘉例川のために私たちは英気を養う必要があったんだよ。なぜかって、それはこの先で書きます。

吉松から隼人《はやと》に向かう列車はスカスカな状態から途中で高校生を乗せ、嘉例川に着きました。

嘉例川は山間《やまあい》の集落にある無人駅。今まで見た駅も古かったけど、ここは随一で、国の登録有形文化財にも指定されているほどのところです。ここにはきちんと降りてみたかった。

嘉例川を日常ふつうにつかっている高校生たちも降りて、駅前に止めた原チャリに乗って思い思い帰っていく。待合室の木製ベンチもどうやら製造から100年以上経っているらしい。100年も人に触られて、つやつやになっているんだよ。

駅の元事務室と思われるところにはいろいろ資料が置いてあったり、多少は観光仕様になっています。ホームに掲げる大きな看板も歴代のものが全部保存してある様子で、デザインの変遷がなかなかおもしろいです。

本屋《ほんおく》は若干きれいにされすぎてしまった感じがあり、外側にある「嘉例川駅」の看板だけが妙に新しいので、遠くから見るとロケ用のセットみたい。まあこういうのは致し方ないか。

嘉例川には、わざわざタクシーで乗り付けて観に来ている観光客とおぼしきカップ

やたらたくさんある
字がヘタ!!
木製
横の部屋にある（放置されてる?）展示物もいいんです。
いがわ
EIGAWA
きりしまにしぐち
いがわ
例川
REIGAWA
きりしまにしぐち
KARE
NAKAFUKURA
KIRISHIMANISHIGUCHI

嘉例川はステキだけど、整備されすぎてる。

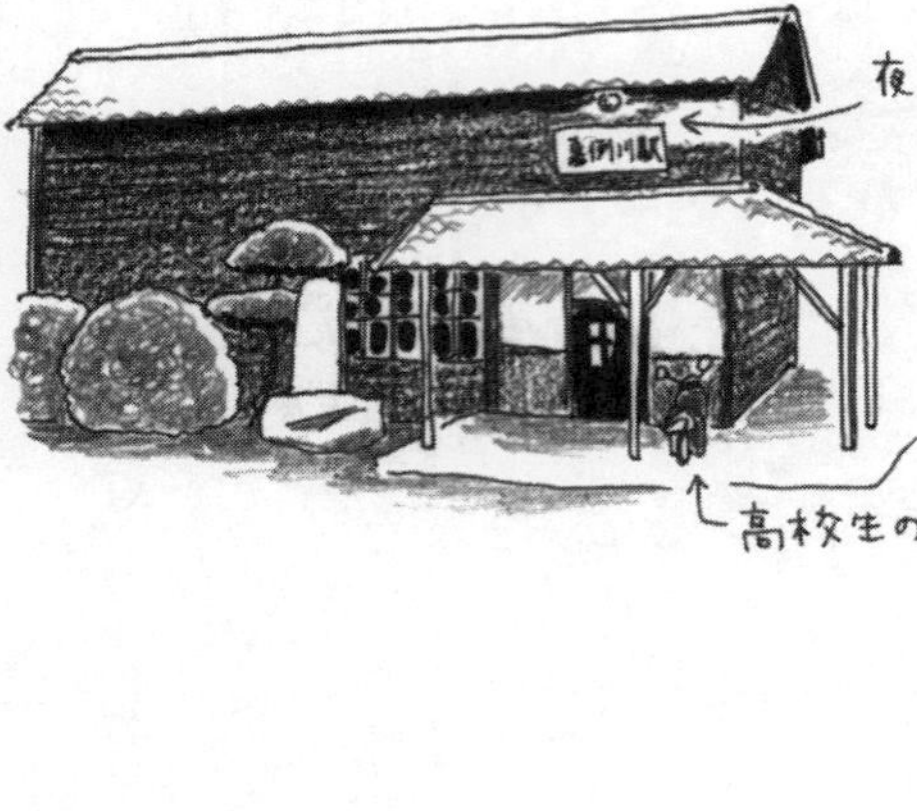
夜ライトアップ
される。
びみょう…
高校生の原チャリ

ルもいた。そこは電車で来なきゃダメじゃん。

「え、能町さん……私たちだって今までさんざんタクシーとか車に乗ってますよ」

あ、そうでしたね……。すみません。


で、私はこの嘉例川で何をしたかったか、というと、ただ古い駅を見てみたかっただけじゃない。

メインイベントは、嘉例川から鹿児島空港まで歩いて行ってやろう。という試み。

だいたい空港ってものは、都市からだいぶ離れた山奥だの海際だのというところにある。だからふつうはバスやタクシーや車で行く。電車等で直接乗りつけられるように整備されているところもある（羽田など）。なんにせよ、空港に「徒歩で」行く、ってことはなかなか聞かないことです。

で、嘉例川というステキな駅は、なんと鹿児島空港の最寄り駅でもあるのです。じゃあ歩いて空港に行ってそのまま東京に帰ればいいじゃない。っていう、ごく単純なことなのさ。

ま、最寄りといっても約5キロあるんだけどね。

いや、歩いて行けない距離じゃないよ。歩いてみたいんだよ、マジで。

嘉例川の駅を出て、集落内の小さな道を右に進み、細い道を左に折れると、思った以上に狭い道！　いきなり牛がたくさんいる。わ、ここ牛舎か。広大な牧場風景じゃなく、民家のとなりに牛舎、周りは竹林。道はどんどん山の中へ分け入って行く。舗装はされているけど、落ち葉のくさったようなのが堆積していて道はぐちゃぐちゃ。行く先が不安になるのは、空模様がちょっと怪しいせいもある。でも今までの旅をすべて見事に晴れさせてきた晴れ女のイノキンさんがいるんだ。たとえ今日の予報が降水確率80％（マジ）だろうと、彼女ならどうにかしてくれる！

真っ暗な急坂を上ると、いっきに開けた。そこから大きな道に出る。ホッとした。しかし、そこはトラックがボンボン走っていて、民家が見事に1軒もない、歩道もない、ずーっと森に囲まれただらだらの上り坂道。見渡す限り……いや、森のせいで見渡せないけど、ほんとになんにもありません。なんか怖いな。

ぬるい上り坂をずーっと上がって、けっこう疲れて、すると道は途中から峠を越えて下ったり、また上ったり、起伏のある区間を越えて……まだ1軒も家がない。自販機とかももちろんない。トラックや車がたまに通るばかり。

2キロか3キロは歩いたんじゃないか。もうそろそろ空港らしき雰囲気が見えても不安すぎる道。

←結果として合ってたけどね。

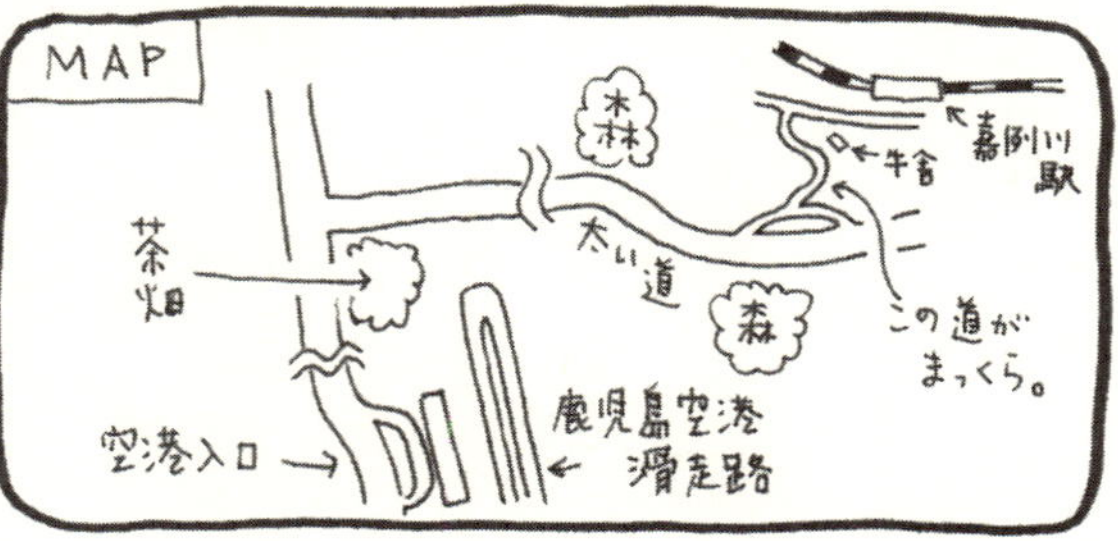

いいんじゃないの、と思っていたそのとき。

ゴオオオ……

「あ、飛行機の音？」

「ですかね？」

「どっかに……あ!!!」

森のあいまに開けた空に、超デカい飛行機が登場！

「わあああー!!!」

「でっかい!! でっかいよ!!!」

そりゃもう大興奮だよ。空港以外で、あんな大きな姿の飛行機を見たのは初めて。

着陸直前だったんだと思う。

こうなったらもう近いぞ！ 足取りも軽く、一気に森を抜けて、広大な飛行場が現れた……！ と思ったら、あれ？

あそこの高いフェンスはまちがいなく滑走路の端だと思うけど、その手前にやたら立ってるプロペラのついた柱みたいなのは何？ 空港の設備？

よく見たらここ、ただの広大な茶畑でした。プロペラは、茶畑にはよくある「霜よけ」なんだって。

ほんとに感動した!!
(でももはや鉄道ネタじゃない)
ゴオオオオ
うっわー!!!!…

やっと空港に着いたかと思いきや、滑走路がほんのちょっと見えるだけで、空港のメインの建物はどこだかさっぱり分かんない。空港の周りの台地はほとんど茶畑に囲まれていて、ここは茶畑の向こうに空港敷地のフェンスが見えるだけのところなのでした。

あ、台地の茶畑の先に、尾翼がちょろっとのぞいてる。かわいくてシュールでステキな光景！　そしてこの光景に、イノキンさんは今まででいちばんテンション上昇！

「すごいですよここは！　写真撮りましょう写真!!」

イノキンさんは私よりも率先して茶畑のどまんなかの細い農道にぐんぐん入っていった。

茶畑の中にポツンと光るイノキンさんのピンク色のパーカーと、まるで茶畑の上に着陸したように見える飛行機と……。映画のような幻想的な光景がそこに出現したのである。非常にすばらしい絵でした。

空港って滑走路がすごく広いので、茶畑ゾーンから空港の入口に行くまでは意外にもかなり長く（たぶん2キロくらい）、一度滑走路が見えて安心してしまった私たちとしてはちょっときつかった。しかし、空港入口に歩いて到達したときは、ついポーズをとって記念写真まで撮ってしまいました。まさに感動のゴール。

「最寄り駅（しかも文化財）から歩いて空港へ」、達成！

茶畑と飛行機という、予想もしていなかったすばらしいコラボレーションを見られたし、徒歩で空港に到達という無茶をやってみて本当によかった。最終的には鉄道ネタから遠くなってるけど、気にしない。気にしないよ。

それにしても、イノキンさんの晴れ女ぶりはまだ健在でした。降水確率80％にもかかわらず、雨はたまーにパラパラと降るくらいでほとんど傘は必要なかったのです。80％をどうにか力でねじ伏せた形。このパラパラが今までの取材で初めての雨なのでした。

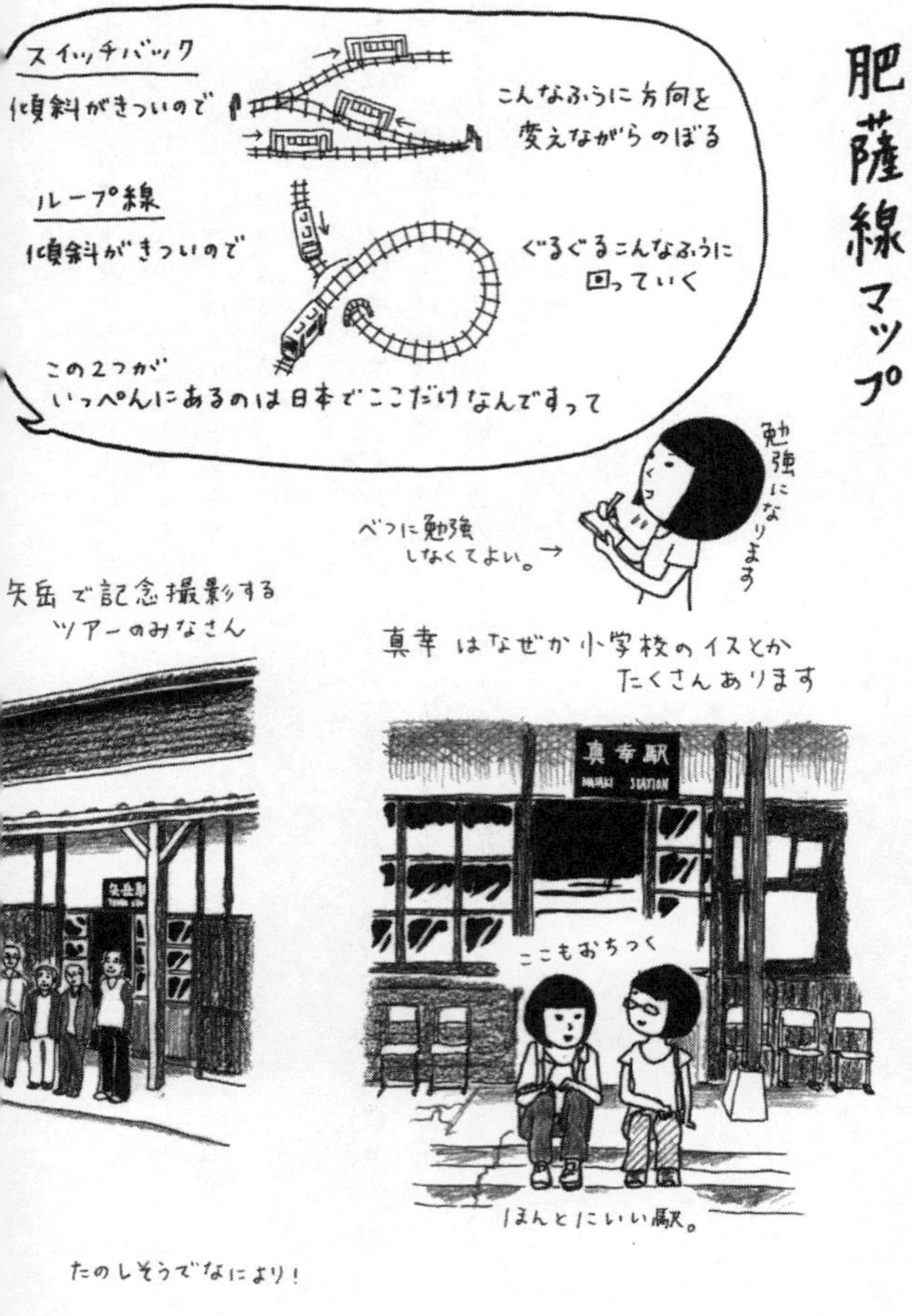
鉄ちゃん大好き
肥薩線マップ
スイッチバック
傾斜がきついので
こんなふうに方向を
変えながらのぼる
ループ線
傾斜がきついので
ぐるぐるこんなふうに
回っていく
この2つが
いっぺんにあるのは日本でここだけなんですって
勉強になります
べつに勉強
しなくてよい。→
矢岳で記念撮影する
ツアーのみなさん
たのしそうでなにより！
真幸はなぜか小学校のイスとか
たくさんあります
真幸駅
ここもおちつく
ほんとにいい駅。

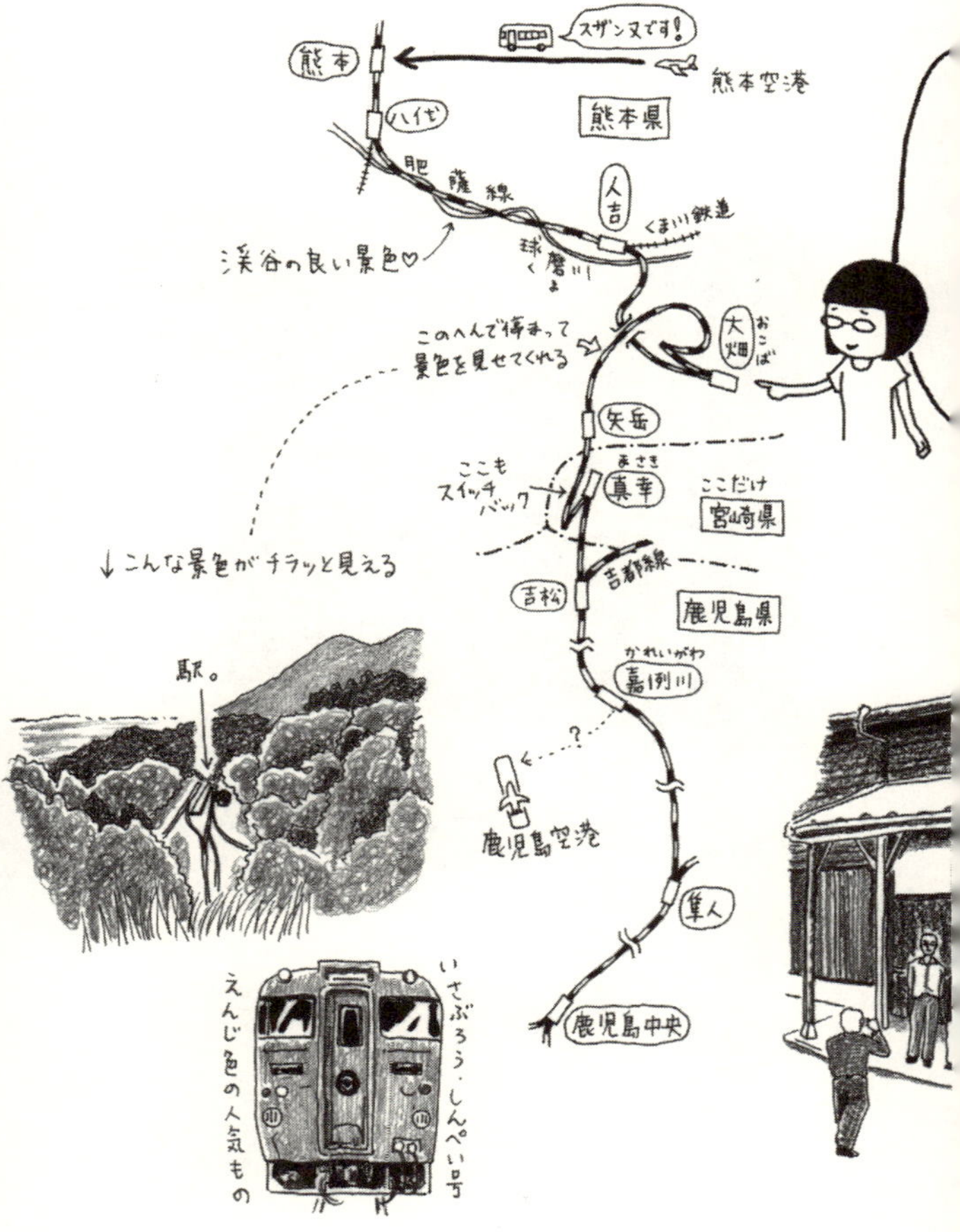

スザンヌです！
熊本
熊本空港
熊本県
ハイぜ
肥薩線
人吉
くま川鉄道
渓谷の良い景色♡
球《く》磨《ま》川
このへんで停まって
景色を見せてくれる
大畑《おこば》
矢岳
ここも
スイッチ
バック
真幸《まさき》
ここだけ
宮崎県
↓こんな景色がチラッと見える
吉松
吉都線
鹿児島県
嘉例川《かれいがわ》
駅。
?
鹿児島空港
隼人
鹿児島中央
えんじ色の人気もの
いさぶろう・しんぺい号

駅の中がなぜか学校みたい（真幸駅）

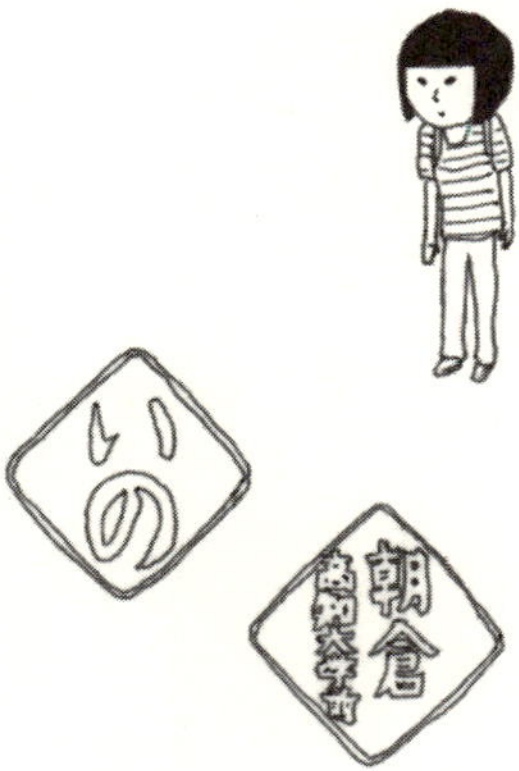

あったか土佐の小さすぎる日本一

9 高知
土佐電気鉄道

土佐は異国だと思っている。

南国特有のゆるさという点で、土佐は沖縄に次ぐ異国だろうと私は見なしておる。

ということで、すごく行ってみたかった土佐です。今回もスケジュールはタイトで、私たちは夜の飛行機で高知龍馬空港（正式名称）に着いて翌日の夜に帰京する予定です。

「龍馬って、龍馬っていう名前でよかったよね。というか龍馬って名前じゃなかったらたぶんこんなに有名じゃなかったよね。『与作』みたいな名前だったら、高知与作空港はありえないもんね」

というような話をイノキンさんとする。

空港ロビーには「あったか高知へようこそ」と書いてあります。フリーペーパー「ほっとこうち」も発見した。「あったか」を押してるぞここは！

実際、土佐のあったかさはのちのちしつこく知ることになる。

ところで、以前に熊本で、空港から市街へのバスに「スザンヌです！」という車内アナウンスが登場して度肝をぬかれた私たちです。空港から高知駅へ行くバスのなかで、「高知といえば……広末涼子？　まさかの？」「え〜それはないでしょう〜」などと話していたら、なんと、もっと衝撃的な車内アナウンスだった。

「みなさ〜ん。武田鉄矢です！」

龍馬好きつながりで、この時やってた「土佐・龍馬であい博」のコマーシャルらしい。


あんた博多やろバカチンが！


翌朝。鉄の旅としては、なんとしてもトデンに乗らなきゃいけません。

都電じゃないです。土電です。

土佐電気鉄道。なんと、現存する路面電車では歴史がいちばん古いのだという。明治期からあるんだって！　見た目もあまり近代化されてなくて、かなり古い車輛がまだまだ現役でがんばってます。これはうれしいよ。

土電は、高知駅前（北）から港（南）の方へ行く通称南北線と、後免町《ごめんまち》（東）から伊野（西）まで延びる東西線がある。その2つは、はりまや橋交差点で交わっています。路線が十字型になっていて分かりやすい。

朝8時半。乗り放題券を買って高知駅前から土電に乗ります。乗り放題券はスクラッチ式で、厚紙に書いてある年・月・日を削るだけのものなんです。おもちゃみたい。これなら一年中おんなじのを売ればいいんだから楽だね。

高知駅前から土電に乗ると、通勤通学の波は収まり気味でわりとすいている。もしかしたら元々こんなもんかもしれないけど。

土電で高知駅前からはりまや橋まではすぐです。途中、ルイ・ヴィトンの路面店があって驚く。高知、都会だなあ。大交差点のはりまや橋で乗り換えて、まずは伊野に向かいます。こっちのほうが景色はいいらしい。

土電の車輛はたいがい古くて、1両で走ってます。車内には「〈私の履歴書〉私は昭和33年3月に大阪のナニワ工機で生れ、下関市の山陽電気軌道で昭和46年1月まで13年走り〜」などと、詳細なプロフィールがひとつひとつ書いてある！　車輛に人格があるんだね。

いちばん前には、むりやりつけたようなLEDの行先票があるけど、その下の方にも菱形の鉄板でできた一時代前の行先票があって、こっちもまだ現役で使ってる。

運転士さんは手作業で、前の差し込み口に行先票の鉄板を挿します。その鉄板はなぜか「いの」と「ごめん」だけひらがなで、筆文字の縦書きで力強く書いてある。かわいい。「ごめん」が特にかわいい。謝りながらこっちに走ってくる！　かわいい！

車輌がほんとにかわいいよ！
「レトロ風」じゃなくてほんとのレトロだし

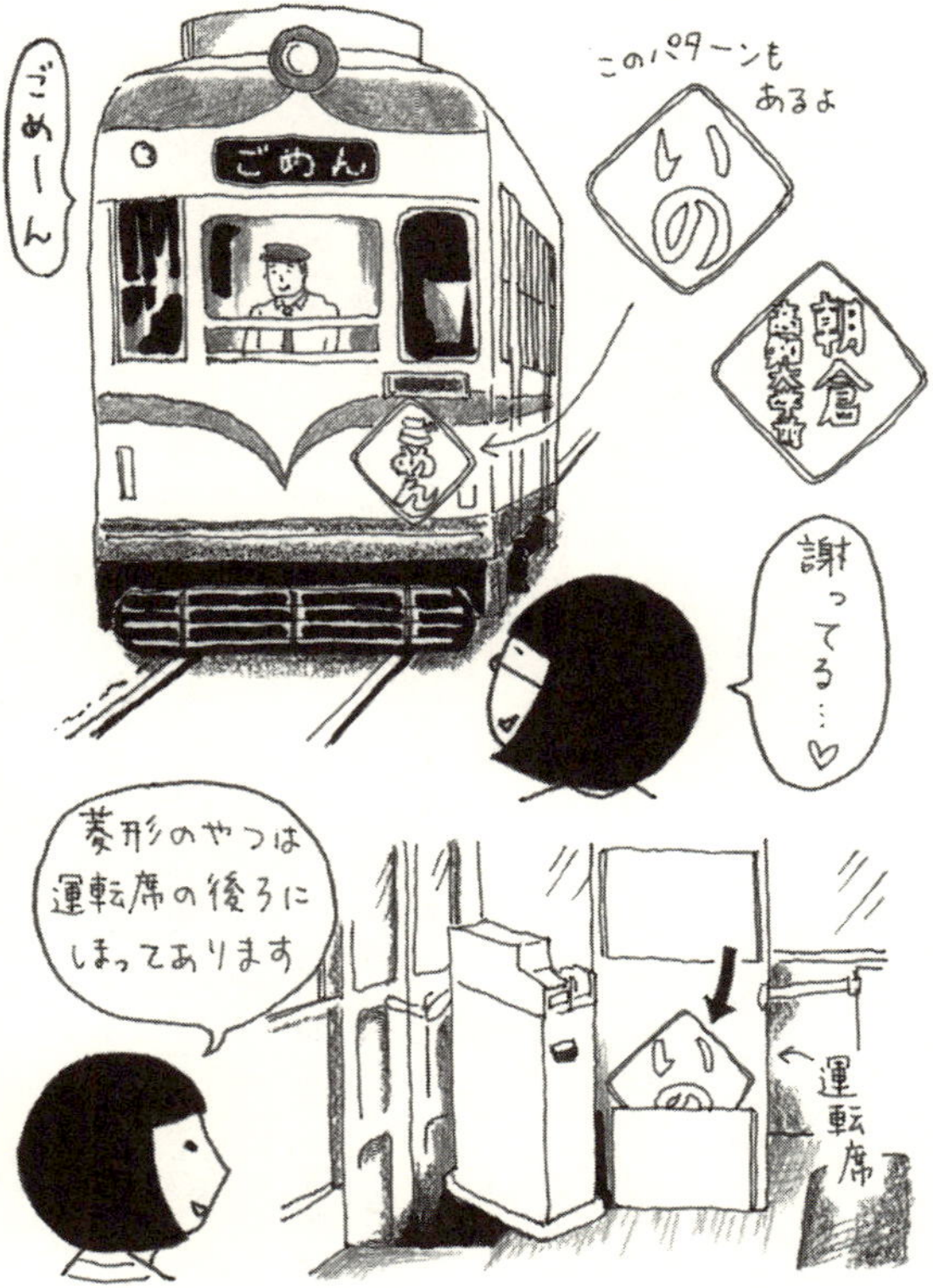

そんなわけで、「いの」に向かう私たち。

しかし、最初に乗ってしまったのは「朝倉」行きでした。伊野よりちょっと手前までしか行かないらしい。ま、乗り放題券だからいいや。まずはそこまで行ってみましょう。

土電はやたら大量にある駅（正しくは「電停」というらしい。でも面倒なので駅と呼ばせてもらいます。駅に乗降客がいないときは通過するので効率は悪くない）を経て、鏡川橋というところを越えるとかなり細い道に入ります。やー、細すぎるよ。路面電車をここに通しちゃだめでしょ！

路面電車と車1台がすれちがえばいっぱいいっぱいという感じです。でも一方通行じゃない。真正面からも後ろからも車が来るけど、電車はもちろんレールの上以外走れない。車が右車線にギリギリでよけてくれたりする。

こんなに狭いのに駅はきちんとあるんだからすごい。でも、それも路面にペンキで枠が描いてあるだけです。危ないです。駅名の看板はどこにあるかというと、ペンキ枠のあるあたりの道の隅にある電柱に、駅名を書いたちょっと立派な紙（？）がしばりつけてある！

せまいよ! スリル満点。車よけられるの?

看板が紙……。時刻表も一応書いてあるけど、コストがかかってなさすぎる。しかもね、実はおんなじ道をおんなじようにバスが走ってて、すぐそばにバス停もあるんですよ。バス停の方が立派。こんなに軽い感じの駅は初めて見たよ。

で、そんな細い道ゾーンの途中に、朝倉駅がある。そこだけちょっとだけ道が太めになってるけど、そうはいっても、両脇をぎりぎり車がすりぬけられる程度の道。そのど真ん中に、路面電車が「すいません終点なんでここにいますわ」って感じでドーンと鎮座してる風景は異常です。不条理すぎて楽しい。

朝倉駅は、ホームこそ道路上のペンキ枠だけですが、道の脇に一応待合室がありました。ここだけはちょっと立派です。

駅と駅との間がどこでもものすごく近いので、私たちは歩いてひとつ前の曙町駅に戻りました。しばらくすると「いの」行きが来たので、道路上のペンキ枠のなかから乗りました。これもなんだか遊園地の電車みたいで楽しい！　路面電車、日本にもっとあればいいのに。

そこから先に進むと土電はまたちょっと太めの道路に出て安全度が増します。でも、今度は道路に遠慮しちゃって、線路が道路の脇にはみ出してしまいました。もう路面ではないです。残念。

ふつうの駅はこんなかんじ。
宇治団地前駅
待合室もちゃんとあるよ。
ホーム低い
対岸ホームに渡るための舗装

このへんに来ると駅にもベンチや屋根が一応あるし、ホームが妙に低い以外はだいぶ駅らしい感じになります。郊外なので、風景は山や森が増えてきます。

しばらく行くと、いまどきよくある郊外型の巨大ショッピングセンターがありました。そこに対して最寄駅が2つある。はじっこにある「しまむら」の近くにひとつあって、逆側にある「ココス」の近くにももう1個ある。土電、ほんとに停留所多すぎだよ！

そんなこんなでそろそろ「いの」に到着です。伊野駅前駅に着く直前、車内アナウンスが。

「この電停はノーガード電停ですので十分にご注意ください」

ノーガード電停。初めて聞く言葉ですが、意味はわかる。いや、でも今までもノーガード電停はたくさんあったんだけどなあ。朝倉駅あたりのほうがよっぽどノーガード度は高かったよ。

私たちはJR伊野駅の前にあるノーガード電停の「伊野駅前駅」で降りず、せっかくだからと終点の伊野駅まで乗りました。

伊野周辺はすごくややこしい。JRの伊野駅があり、JR伊野駅の前に土電の「伊野駅前駅」があり、さらにそのとなりに土電の伊野駅（終点）があるんです（215ページの地図参照）。

終点はさすがに、立派な待合室があって駅らしくなってます。しかし、となりの伊野駅前駅がとてもよく見える。200メートルくらいかな。近すぎるでしょ。

と、ここで、今回の旅のいちばんの目的を説明いたしましょう。今回は、「駅と駅との間が日本一短いところ」に来てみたかったのです。

伊野〜伊野駅前の間もものすごく近く見えるけど、これでも日本一じゃないらしい。いったい日本一はどんだけ近いんでしょう。その地点には午後に向かうのだ。

さて、この後は、土電の伊野駅から歩いてJRのほうの伊野駅に行って、そこから高知駅を通って、その次の薊野《あぞうの》駅に行く予定です。

伊野でJRに乗ると、自動音声の車内アナウンスが「次は、伊野。伊野でございます」と言う。

え、伊野は今の駅だよ。アナウンスが1個ズレてる。乗ってるのはほとんど地元の人だから許されるのか。

そのあと、土電でも大幅にアナウンスがズレてることがあった。3つぐらいずれて

高知駅から
タイガース車に乗ったのだー
黄色＋虎柄
でも発車ベルはアンパンマン
普通列車なのに濃いね～…
高知って阪神ファンだらけなんですかね…

て、運転手が途中で気づいて3つくらい立て続けにボタンを押してアナウンス出してた。てきとーすぎ！　でもそういうところも土佐っぽくて好き☆

お昼前、高知駅に戻ってきた。発車ベルはアンパンマンの曲です。やなせたかしのふるさとだからね。

東のほうの、安芸という街にタイガースの球場があるらしく、私たちが高知で乗ったのは全面タイガースカラーの虎汽車。そんな虎に乗って、次の駅の薊野に着きましたよ。小さな駅です。

ここに降りたのは、沢田マンション（通称：沢マン）に行きたかったからである。沢マン。それは高知で私がずっと前から行ってみたかった場所。建築に関してほぼ素人だった沢田さん（故人）が、業者などには頼まず、奥さんや子どもの力まで借りて数人だけで建てた香港の九龍城《クーロンジョウ》のような現役マンションです。その6階建て（5階建て説もあり）の威容はもはや観光名所となっているらしい。

そうですよ、この本では「沢マンには電車でも行けるよ！」と言いたいわけです。薊野駅から沢マンまで、歩いて10分くらいなんだよ！

しかし、薊野駅に着いたころ、雨が降り出してきた。

これまで取材日はことごとく晴れさせてきて、鹿児島での「降水確率80％」さえわずかな小雨程度におさえた神がかり的な晴れ女・イノキンさん。その神通力がついに通じなくなったようです。それどころか、この日は予報が晴れだったというのにどんどん天気は悪くなるばかり。今までの反動なのか。

「すみません……なんかほんとにすみません……」

謝る必要がないのにやたら謝るイノキンさんと、雨の中を傘もささずに念願の沢マンに向けて歩きます。

沢マンの近くは、意外にも郊外大型店舗が並ぶありがちなバイパス通りで、ヤマダ電機、ツタヤ、なんとスターバックスまである。予想外に超便利。そのスタバの看板の奥にこっそり見える「沢田マンション」の文字。すてきです。

ということで、初めて到達した沢田マンション。感想を何と言ったらいいのでしょう。

写真では見たことがあったけれども、いざ着いてみると予想以上に漂う「紙粘土で作りました」感。6階建ての建物で実際に人が住んでいるのに、紙粘土で作ったような感じがするんだよ！　すごいことだよ！

もちろん数十年ここに鎮座しているんだから、鉄骨造りで基礎はきちんとしている

沢田マンションは検索すると画像が
たくさん出てくるので部分的にね

(はず)ですよ。でも、壁の塗り方とか、急造した感じの一部の階段とか、すごい紙粘土っぽいんだよねえ。今はクリエイティブ(?)な若者が好んで住みついていることもあって、住人がどんどん増築したりもしてるらしい。

しかし、残念ながら今日の私たちのメインは鉄道。あまり時間がないのです。とりあえず1階にある「チャビーズキッチン」でお昼ごはんです。今回のオシャレカフェはここです。

お、お昼時なので、けっこう混んでいる。伊野まで行って戻ってきたのに、この時点でまだ12時過ぎくらいだったのだ。沖縄のウチナータイムを思い出す時間の流れ方だね。のんびり。

……と思ったら、お店の人はもっとのんびりしている。

いくらお客が多いとはいえ、注文してから1品目まで30分。私たちがごはんを食べ終えたのに気づき、食後のジュースが出てきたのは注文してから実に1時間半後であった。

のんびりっぷり、沖縄に匹敵!

さすがにのんびりしすぎて予定の時間が迫り、沢マンへの再訪を誓って私たちはそこを出た。沢マンは素泊まりもできるし、ウィークリーマンションとしても使えると

147段。
行きましょう!!
ええー…
浄銭
上には神秘的な祠がありました。
（鉄道とはかんけいないけれども）
あっ何か!!
何かありますよ!!
ハァハァハァ
「大津天竺城古城八幡宮」らしい

のこと。冬、東京の寒さが嫌になったらちょっと滞在しちゃおうかな。

強くなった雨の中を薊野に戻る。いよいよ傘がないとつらいのでローソンで買ったら、レジのおばちゃんに「晴れるって言うとったのにね〜」と話しかけられました。個人商店ならともかく、コンビニで意味もなく話しかけられるなんて初めてかもしれないよ。さすがあったか高知！「あったか押し」してますね！

雨の中、JRで薊野から土佐大津という駅へ。駅舎のカラーが南国調でかわいい無人駅。さあここから歩いて、いよいよ念願の「駅の間が日本一短いところ」に行きます。

土佐大津駅から歩いて数分、土電の「一条橋」と「清和学園前」のあいだ。ウィキペディア情報によると、その距離は衝撃の84メートル。ウサイン・ボルトなら9秒切る！その不条理ぶりを自分の目で見てみたかった。

川を渡ると、土電の線路が見えてきました。ここも遠慮がちに道の脇を通ってます。さあいよいよ例の駅……

「能町さん！すごい階段がありますよ！」

イノキンさんの声のほうを見ると、確かに線路の対岸にすごい階段が。

古い石段が小山の上に向かって伸びてます。てっぺんがよく見えないくらい長い。踊り場が一切ない、粗く削られた階段。

「のぼってみましょうよ！」

え〜。私、最近はすっかり老人気分で。階段はちょっと……

「え⁉　のぼりますよね？（当然という顔で）」

北海道で酷寒の逆風の中、私につきあわせて歩かせたことを思い出した。イノキンさんは「なぜならそこに階段があるから」という理由で階段をのぼる人のようだ。分かりました。やりましょう。

駅探訪の前に階段をのぼるのぼる。うげぇめっちゃきつい。雨で足もとも危ないし、急だし、造りも雑だし。１４７段という段数だけならインパクトは弱いけど、途中に休み場がひとつもないのはつらい！

のぼったら、森の中に小さな祠があった。それだけ。それだけか！

いや、でも景色はすごくよかったです。雨じゃなかったらもっとよかったね。駅間距離探訪に来る人（いるのか？）は、ぜひこの石段にも挑戦してほしいものです。ちなみにこの階段のせいで、翌日は信じられないほどの筋肉痛が私たちを襲った。

さて、階段から下りて、いよいよ例の駅へ。

カーブを曲がると、あら、一気に2つ見えた。そりゃそうだよなー。84メートルだもんな〜。

片方の駅からもう片方の駅が見えるのは当然。向こうの駅にいる人数まで把握できる距離です。人通りもほとんどない田舎の集落なので、叫べばふつうに隣駅と会話できそう。

うーん、これ……どっちか要らないでしょ。ははは。

一条橋駅が先にあって、近くの学校「清和学園」の請願で清和学園前駅が後からできたそうなんですが……あえて理由を考えるなら、一条橋駅で降りて学校に行こうとすると、歩道のないところをちょっとだけ歩かなきゃいけなくて危ないから、かな。でもたった84メートルだよ。ホームとホームの間の部分を埋めてひとつにまとめちゃったとしても、ふつうの山手線ホームより短いと思う。

そんなふうに観察している間にも、「いの」とか「ごめん」とか書いてある電車が行ったり来たりします。ここは20分に1本くらい電車があるんです。どっちの駅にも停まらずにスーッと通過していきます。誰も使わないのね。

よし、さあここで遊ぼう！

この近さ、イラストで分かるかなあ。

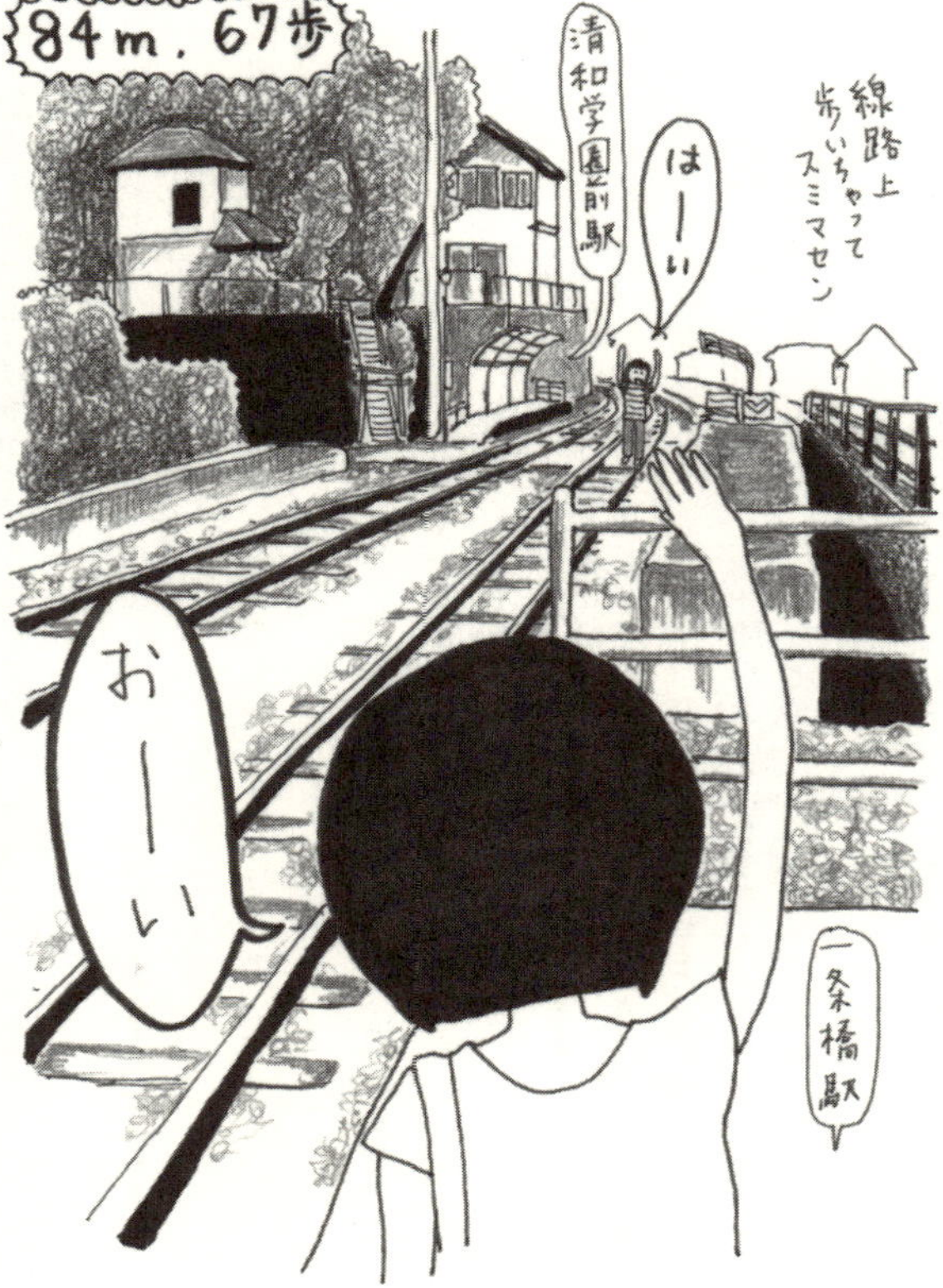

「じゃあ隣の駅まで何歩で行けるか、測ってみよう」

「いいですねー」

清和学園前駅のホームの隅っこから歩きだして、堂々と線路上を歩きながら、1、2、3、……66、67。

67歩で隣の駅に着いた!! 近すぎ!! 84メートルもないいんじゃないの?


当初、片方の駅でどっちかが乗って、もうひとりは道路を走って、隣駅まで競争しようと考えていたんだけど、雨だし、やるまでもなく走る方の圧勝だからいいや。電車が1回停まってまた動いて……というタイムロスを考えたら絶対勝てる。

でも、せっかくなので「いちばん短い区間の記念乗車」をしておきましょう。

一条橋駅で、次に来た「いの」行きに乗って、すぐに降車ボタンを押して、清和学園前駅で降りました。正味20秒ちょっと。やっぱり走った方が早そうだね。

ところでこの電車、ムダに停まらなけりゃ駅をスルーしてそのぶん少し早く目的地に着けるから、私らみたいなアホな子がムダな乗車下車をしていたら地元の人にちょっと顰蹙《ひんしゅく》を買うんじゃないかと私は少し心配していた。

しかし、降りるとき、なんと運転手氏がにこにこしている。乗客のおばちゃんも、

「遊んどるねぇ」という感じでにこにこ見守っている。あったか高知!!　ほんとに高知の人はあったかいなあ。

そのあとは清和学園前に私がとどまり、同じ電車で待ち合わせしようね、と言ってイノキンさんにもう一度となりの一条橋まで行ってもらいました。待ち合わせも何も、近すぎてお互い見えるっつうのよ。

こうして近距離駅は十分に遊びつくした。私たちは「ごめん」のほうへ向かいました。先頭に「ごめん」って書いてある電車で、終点まで。

「ごめん」と書いてあるけど、正式な駅名は「後免町」。後免町に着くころには完全などしゃぶり。余裕があったら後免の街も散策したいと思っていたけど、雨の強さで心が折れた。後免から高知空港までタクシーでゆうゆうお帰りとなりました。

それにしてもラストにかけて、イノキンさんの神通力がどんどん弱まっていくのはショックでした。晴れ女の名誉をぜひ次の機会には回復していただきたい!

必死でよけるバス。このスリルがたまりません

土佐電の車体はこうしてひとりひとり
ちゃんと自己紹介してくれます

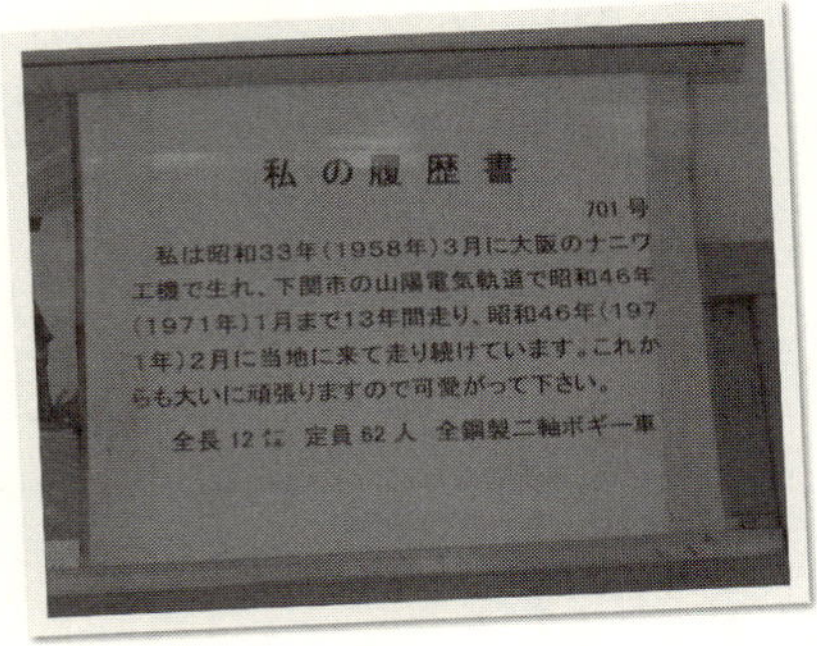

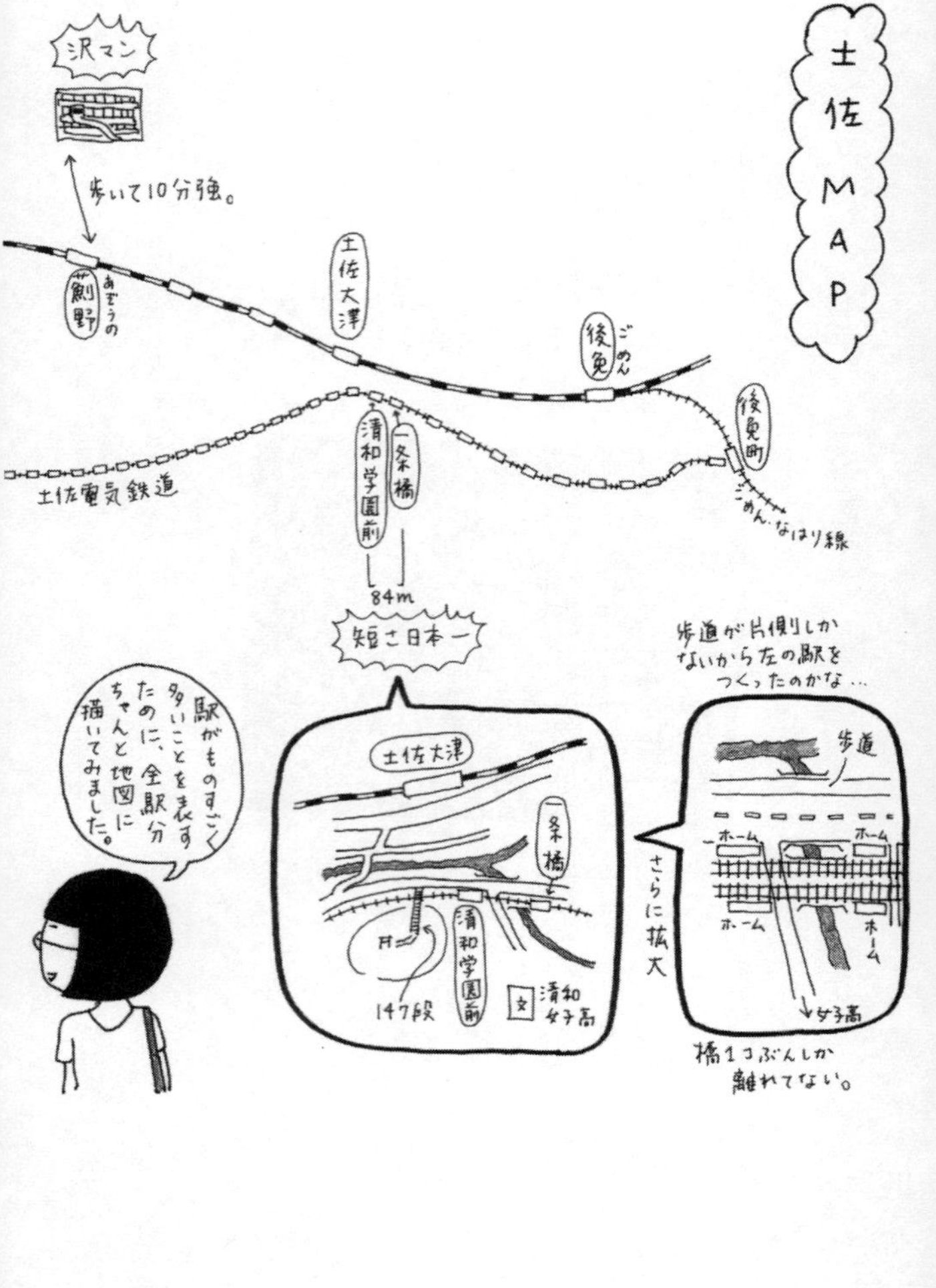
土佐MAP
沢マン
歩いて10分強。
薊野《あぞうの》
土佐大津
後免《ごめん》
後免町
ごめん・なはり線
土佐電気鉄道
清和学園前
一条橋
84m
短さ日本一
駅がものすごく多いことを表すために、全駅分ちゃんと地図に描いてみました。
土佐大津
一条橋
清和学園前
147段
文
清和女子高
さらに拡大
歩道が片側しかないから左の駅をつくったのかな…
歩道
ホーム
ホーム
ホーム
ホーム
女子高
橋1コぶんしか離れてない。

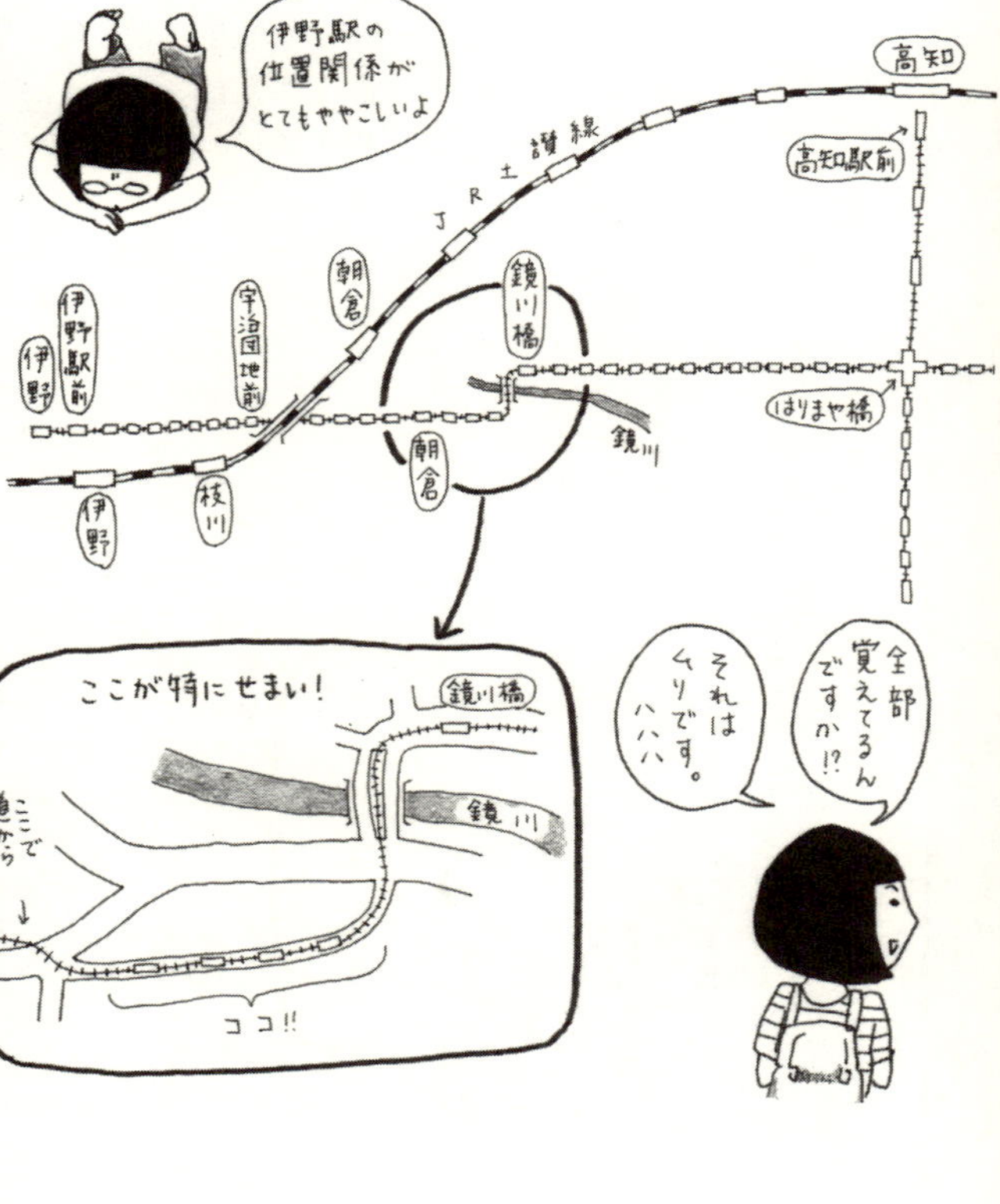
伊野駅の位置関係がとてもややこしいよ
高知
高知駅前
JR土讃線
朝倉
鏡川橋
宇治団地前
伊野駅前
伊野
はりまや橋
鏡川
朝倉
枝川
伊野
ここが特にせまい!
鏡川橋
鏡川
ここで道からはみ出す
ココ!!
全部覚えてるんですか!?
それはムリです。ハハハ

column 4

テツと秘境駅ツアー

鉄ちゃんって各自オリジナルの視点でマニアックに鉄道を楽しむことが多いから、たとえ鉄道を使っていようと、パックツアーを楽しむ人ってほとんどいないと思います。

しかし、いかにも鉄ちゃんな企画のパックツアー「秘境駅号」なるものがあるということで、イノキンさんと乗りに行ってみました。「秘境駅」とは鉄道マニアの牛山隆信さんが広めた造語で、周りに民家がほとんどない駅。秘境駅号はJR飯田線の秘境駅ばかりに次々と停まる。それを楽しむパックツアーって、一体誰が乗るんだ。

結論から先に言うと、やっぱりパックツアーに鉄ちゃんはほとんど来ないのであった。ほとんどのお客は、単にパックツアーを楽しみたい年配のご夫婦。むしろ鉄ちゃんは、珍しい「秘境駅号」そのものを撮りたいので、線路沿いの森の中にいる。

マニアもいなかったわけじゃないよ。

汽車は、個人的にはわくわくするような秘境駅にたくさん停まるけれども、そのたび全員が降りて狭いホームが人だらけになるので、秘境の風情もなにもなくて笑えてきます。駅のすぐそばに数軒だけ家があるところもある。あの家の人、ふだん誰も使わない駅に突然百人以上の人が殺到して一瞬で去って、びっくりしただろうなー。

「ここは何を見たらいいのさ?」なんて言いながらうろうろするおばさま方多数。貴女たち、ここは何もないことを楽しむ駅なのでございますよ。

結局、ツアーそのものよりもついつい「パックツアーに来てる人」を見て楽しんじゃった私たちでした。ごめんね。

ふだん乗降客がほぼいない田本駅がたいへんなことに……。

おわりに

私、まだ全然満足してないんですよ。もっといろんなところに行きたかった。行き足りない。

富山地方鉄道はどの駅舎もことごとく古くて味があるので行きたかった。五能《ごのう》線は鉄道ファンにはおなじみだけど、車窓は最高なので、小さな駅でいちいち降りて空気を吸いたい。その近くで、秋田内陸縦貫鉄道も乗りたいな。飯田《いいだ》線も、まだ味わえたとは言いがたい。大井川鉄道も、何度でも乗りに行きたい良い車窓。三江《さんこう》線っていう屈指のローカル線もまだ乗ったことがない。ひたすら宗谷本線の鈍行列車で稚内まで行くのも体力のあるうちにやっておきたい。逆に指宿枕崎《いぶすきまくらざき》線で九州最南端を目指すのもやりたい。愛媛の海際も夏に行くといいんだろうなー。都会の鉄道だと、大阪の水間《みずま》鉄道が気になる。大阪なら阪堺《はんかい》電車もすごく味のある路面電車で、危なさも土佐電の比ではなくて大好き。福岡のほうにあるこまごました路線もまだ様子が分からないので乗りたい。

この本に載せた旅は、ぜんぶ一応それなりに計画を立てて進めた旅です。でも、もっと徹底的に時刻表なんて全く気にせずに自由に旅したい。気になった駅で突然つい降りるとか、降りたら次の便まで3時間待たされるとか、だったら次の駅まで歩いちゃおうとか。歩いてたら道に迷って、地元の老夫婦に声をかけられてお家にお邪魔しちゃったりとか、途中から鉄道が関係なくなっちゃってもいい。

……いや、現地に着いてからあわてて計画を立てたこともあったっけ（北海道とか）。ノリで次の駅まで歩いちゃおう、ってのも岳南鉄道のときにやったっけ。鉄道と関係なく空港で大盛り上がりしてたこともあったね（鹿児島）……。

なんだ、けっこう自由にやってたんですね。

んー、でもまだまだいけると思う。

全部、うっかりから次がつながる。もっとうっかりしたいです。鉄道じゃなくても、旅はどんなときでも常にうっかりしたいです。

最後に、思いつきだらけで振り回した編集のイノキンさん、自他共に認める鉄道マニアで、ツアーを紹介してくれた編集の江守さん、秘境駅ツアーでご一緒してくれた秘境駅の第一人者・牛山さん、そしてネットでの連載時から読んでくれた皆様、ありがとうございました。

こうして形にするかどうかは関係なく、まだまだテツ旅は続きます。

能町みね子

クレジット

神奈川

国道下
神奈川県横浜市鶴見区生麦5−12−14
定休日：日・祝
16：30〜22：30

かうひいや3番地
長野県松本市中央2−9−21
0263−33−2887
定休日：木
11：00〜21：00（月〜土）
11：00〜20：00（日・祝）

静岡

比奈カフェ
静岡県富士市比奈628−9
0545−38−3008
定休日：火・第3水
11：00〜22：00（L.O. 21：30）

日東ベーカリー
静岡県富士市今泉1−12−12
0545−51−1277
定休日：日
9：00〜19：00

北海道

梅光軒（本店）
北海道旭川市2条8丁目
買物公園ピアザビルBF
0166−24−4575
定休日：不定休
11：00〜15：30／17：00〜21：00

※ラ・クルール・プラス・ラボとペペは取材の後に残念ながら閉店しました。

沖縄

さわでぃー
沖縄県那覇市安里388
098−884−0111
定休日：不定休

大東そば
沖縄県那覇市前島2−18−2
098−863−1414
定休日：無休
11：00〜21：00

cafe　プラヌラ
沖縄県那覇市壺屋1−7−20
098−943−4343
定休日：火、水
13：00〜22：00

熊本

ぶけぐら
熊本県人吉市土手町35−1
0966−22−5493
定休日：土
10：00〜18：00

さんぽカフェ
熊本県人吉市新町20−1
0966−35−7377
定休日：木
11：30〜16：00／18：00〜21：00

高知

チャビーズキッチン
高知県高知市 薊野北町1−10−3
沢田マンション37号
090−1327−7576
定休日：水
11：30〜21：00

解説

市川紗椰

今回のように、女性エッセイストの鉄道本の解説をモデル風情の小娘が担当するなんて、数年前までは考えられなかったと思います。以前は、「鉄道が好き」というと、少し変わり者みたいに見られがちで、特に女性の鉄道好きは数人の勇者を除くと、ほとんど日の目を見ることはありませんでした。テレビ番組の鉄道特集やデザイン性の高い観光列車の普及のおかげなのか、鉄道趣味はずいぶん市民権を得ることができ、時代は変わったといってもいいでしょう。幅広い楽しみ方のある趣味として定着し、鉄道が好き＝変わり者のイメージは塗り替えられたように感じます。それを踏まえた上であえて言いますが、本書の著者、能町みね子さんは、変わり者です。

能町さんとの出会いは、一人旅をテーマにした女性ファッション誌の鼎談《ていだん》でした。旅を「どこに行った」ではなく、「何に乗ったか」で語る彼女には、たちまち親近感が湧きました。富山地方鉄道の戦前築の駅舎の今後を心配する表情や鼎談の聞き手（入社2年目、愛され女子風）にぬかりなく「電車」ではなく「汽車」と注意する姿。他人の出身地トークへの並外れた食いつき、そして本来は地元の人しか知らないような駅を口に出したときの、一瞬だけ溢れる笑顔。鼎談の三人目の参加者が置いてきぼりになってる事態に気付きながらも、お構いなしに鉄トークに花を咲かせたのをよく覚えています（意気投合して連絡先を交換したきっかけは、実は鉄道ではなく大相撲の話題でしたけど。にわかな市川をいつも相手にしてくださり改めてお礼を申し上げます。ありがとうございます）。

その後、テレビ番組や雑誌等で共演を繰り返し、車で二人でドライブをする企画でさえ、鉄旅話で熱くなりました。能町さんの鉄道愛は身に染みて伝わってきたものの、正直、かみ合わないところが多々あります。わたし市川は、物心ついたときから鉄道に熱中してますが、鉄道の旅以上に、車両そのものにピュアな愛情を注いできました。技術面の構造や、地域の特色を捉えたデザイン性。形式や編成を把握し、どうやって変貌してきたかの研究に燃えて30年生きてきました。鉄道が好きな理由を問われれば、「日常で出会える一番巨大メカだから」と説明しています。乗るときも、車両形式が同じでも、編成全てを完乗しないと気がすまない、運転台やモーターのない「サハ」には乗らない、いわゆる車両鉄です。言い方を変えると、能町さんの真逆です。

では、能町さんは何鉄なのか。そもそも鉄道車両に無関心で、新幹線をはじめとする最新技術に異様なまでの興味のなさを誇る彼女は、鉄道マニアなのか。本書の随所で綴られてる、「私は違うんですー」という言い訳。○○鉄、というジャンルに私が分類しようとすること自体、ご本人は嫌がるでしょう。

さてここで一度、さまざまな○○鉄を確認しましょう。語り尽くされた種類分けを解説するという今更感を承知の上で、多種多様に専門分化するいわゆる鉄オタ（の一部）をまとめてみました。本書で鉄道に興味を持った人は入門として、本書で鉄道に興味を持たなかった人は能町さんがどのジャンルなのかを考える参考に使ってはいかがでしょう。もうすでに鉄道がお好きな読者には、「あるある」「ないない」など、優しくつっこんでいただけたら幸いです。

・乗り鉄↓　列車に乗ること、そして乗り倒すことが好き。「普通列車にしか乗らない」や「寝てしまった区間はカウントされない」など、マイルールを作っているハードコア派もいる一方、鉄道を使った旅がなんとなく好きな緩い層の受け皿にもなっている。受け取り方によっては、旅好きともいえる。

・撮り鉄↓　鉄道写真を撮影することに熱中。列車が走っているところを遠くから撮ることが多いので、よく考えたら鉄道にはあまり乗っておらず、車移動がメイン。でも総合的に、鉄道に一番詳しい人が多い（市川調べ）。

・音鉄・録り鉄↓　列車のモーター音や、鉄道駅の接近・発車メロディーなどに関心を抱く。小型の録音機を使う者がいれば、放送局の音声さんさながら竿の先に巨大なマイクをくくりつけた機材を使う者までいる。モーター音は列車の種類によって異なるほか、天候などによっても変わってきますなど、語ると長い。普段聞けないアナウンスが流れるイベント列車や引退前のラストランに対する力のいれ方が凄まじい。

・車両鉄↓　車両そのものが好き。列車の分類や編成を把握し、メカニックの部分やデザインのディテールを調べるのが至福。国鉄派、私鉄派、機関派、などさまざまな分類がある（市川はここに属しています）。

•スジ鉄↓　時刻表の数字の向こうにある路線の状況や景色が見える人。もちろん、「時刻表」に使う動詞は、「調べる」ではなく「読む」。元々は、旅行の予定がない時期でも時刻表を手に取る人を指していたが、ネット時代の今、旅行の予定があっても、わざわざ紙の時刻表で調べる人も含まれるのかも。JTB版派とJR版派で分かれる。

•収集鉄↓　鉄道にまつわるアイテムをコレクションする人。切符、路線図、駅弁の包装紙、列車の方向幕やヘッドマークやサボや、一般の人は使い道が全くわからないマニアックな部品などが対象。これらを盗んで集める人は盗り鉄と呼びます（またはクズ鉄。またはただのクズ）。

•呑み鉄↓　列車でお酒を飲むことを醍醐味にしてる人。旅先でその土地ならではのお酒を飲むのが目的の鉄道旅も呑み鉄的楽しみ方。

•模型鉄↓　鉄道模型に愛を注ぐ人。車両派とレイアウト派で分かれるが、兼業してる人がほとんど。模型は好きだけど実車は嫌い、という人が多く、喜んで話しかけたのにしょんぼりすることがある（市川談）。

•駅舎鉄↓　駅に関する情報や写真を集めたり、駅そのものに愛を注ぐ人。日本全駅下車のようなハードルの高い嗜みかたを実践してる人もいれば、古い駅の雰囲気をなんとなく楽しむ人や、風変わりな珍駅を巡る人など、パターンはさまざま。駅名表示板や、駅の設備も趣味の対象。

• 空想鉄↓　架空の鉄道路線を妄想するのが至福。実在する地域に新たな路線を作る場合と、完全な架空世界で走らせる場合で大きく分かれる。近年は専用ウェブサイトによって手軽に作成できるようになったが、路線図だけ書くのかダイヤまで引くのか、車両も架空のものを考えるのかなど、空想し始めるとキリがない。

＊他にも懐古鉄、基地鉄、駅弁鉄、廃鉄、ゲーム鉄、ママ鉄、受信鉄、葬式鉄、など、無数に分類が存在します。

　では、以上のジャンル分けと、能町さんのエピソードを照らし合わせてみましょう。鉄道の旅が好きな方を含む「乗り鉄」が最初に思いつく。北海道や沖縄で、空港から鉄道ではなく車に乗った行為に罪悪感を覚えてるあたりに乗り鉄の気を強く感じます。次に思い浮かぶのが「駅舎鉄」。第1章を国道駅に捧げているところや北海道の珐瑯看板に対する熱意などから窺えます。ゆいレールへの興味のなさから、駅舎鉄懐古派のフシが強いと言っていいでしょう。

　収集鉄の気配も感じます。ゾロ目切符を集めたい「願望」が、気がついたら「義務」に変わってた事態は、鉄分過多の証拠そのもの。さらに、本書にはあまり登場しないが、実はスジ鉄の要素も強い。鉄道マニアを否定する彼女ですが、以前ふと確認したところ、迷わず「JR派！」と答えてくださいました。

ただ、やはりどのジャンルもしっくりこない。もちろん、鉄道好き全員が、何かしらジャンルをオーバーラップしているに違いない。私も車両鉄と自称しながらも、録音した走行音をコレクションしていますし、自分の空想鉄道会社を経営しています。

しかし、能町さんはまたなにか違う。。。

ここで、提案させてください、新ジャンル、「鉄な人」。

鉄な人とは、鉄道がもたらす詩的な、ゆるっとした雰囲気を識別できる人。観光列車の仕組まれた旅情より、地域の生活を乗せたローカル線のほうが心に響く人。情緒的な切り口で鉄道を語るけど、車両や路線を擬人化しない人（ここ大事）。スイッチが入ればスルーせずに、イロイロと気づく人。そこまで鉄道に興味がなくても、なんとなく列車に乗るとワクワクしたり、車や飛行機の移動より鉄道を使うほうが好きだったりと、潜在的な鉄道好きも含むジャンルかもしれない。本書を楽しんで読んだものの、実は鉄道以外の要素にハマった人という、「鉄な人」も多いはず。

と、得意げに提示してみましたが、実際は、「鉄な人」も完全にしっくりきません。ドヤ顔で分析を試みましたが、わかりませんでした。能町さんは、やはり枠をはみ出している、変わり者です。

ただ一つわかるのは、いま、鉄道界は彼女の目線を必要としています。ローカル線の旅や秘境駅がメディアで脚光をあびることが増えている一方、各地のローカル線を取り巻く状況は年々厳しさを増しています。第三セクターの鉄道運営会社の半数以上が赤字経営だと言われており、JR各社も利用者減による廃止の危機と直面している路線を抱えてます。苦しい状況の中、将来が危ぶまれる路線の多くは近年、観光列車やイベント列車を活用し、女子旅やシニアグループなど、幅広い層を呼び込むことに成功しています。JR九州の「ななつ星」をはじめとする、地域を周遊する超豪華寝台クルーズトレインも次々と登場し、移動手段としての従来の寝台列車とは異なる、新たな観光需要も生まれています。しかし、鉄道に乗ること自体が目的な旅が増えてるにもかかわらず、年々鉄道独自の旅情が失われてるような気がします。

わざわざ乗りに行ったわりにはあっさりと終わってしまう旅は少なくなく、やはり何に乗るのかではなく、どういう気持ちで乗るのか、が大事なんだな、とつくづく感じています。ここで必要とされるのは、本書のタイトルにもある、「うっかり」とした気持ちかもしれない。「うっかり」している旅だからこそ、素朴な魅力に目がとまり、ぴっぷのぺぺがあって、「ごめん」と謝りながら走ってくる路面電車と出会えたり、おしゃれな江ノ電が危険地帯に変貌するのです。たとえ観光ガイドに載っていなくても、哀愁と共感を呼ぶ路線は日本各地に潜んでおり、ちょっとした視点の変換で、身の回りの鉄道も「テツかわいい」場所に「うっかり」変身します。能町的目線で鉄道を眺めれば、旅のみならず、毎日の通勤通学が好奇心に満ちた特別な時間に変わることまちがいないでしょう。

——モデル、タレント

この作品は二〇一〇年六月メディアファクトリーより刊行された『おんなふたり、ローカル線めぐり旅　うっかり鉄道』を改題したものです。

うっかり鉄道《てつどう》

能町《のうまち》みね子《こ》

平成30年4月10日　初版発行

発行人――石原正康
編集人――袖山満一子
発行所――株式会社幻冬舎
〒151-0051東京都渋谷区千駄ヶ谷4-9-7
電話　03(5411)6222(営業)
　　　03(5411)6211(編集)
振替00120-8-767643
印刷・製本―株式会社　光邦
装丁者――高橋雅之

幻冬舎文庫

ISBN978-4-344-42725-9　C0195　の-9-2

幻冬舎ホームページアドレス　http://www.gentosha.co.jp/
この本に関するご意見・ご感想をメールでお寄せいただく場合は、
comment@gentosha.co.jpまで。